Gerd Richter

Menschheit – bist du noch zu retten?

Von den Kernfragen des Lebens zur Schicksalsfrage für die Menschheit

Inhalt

Vorwort

Die Stoffsammlung für dieses Buch wurde im Dezember 2019 abgeschlossen; die dramatischen Auswirkungen der erst danach sichtbar werdenden COVID-19-Pandemie auf die Menschheit konnten deshalb nicht berücksichtigt werden. Es ist aber davon auszugehen, dass diese aktuelle Pandemie - wie alle ihre Vorgänger - in einigen Jahren als „besiegt" oder zumindest als „kontrollierbar" angesehen werden kann. Die eigentliche Schicksalsfrage für die Menschheit - nämlich die Frage nach der Belastbarkeit der Erde durch die Menschen – wird dann wieder in den Vordergrund treten und voraussichtlich mit noch größerer Aktualität als vor dieser Pandemie diejenigen Menschen aller Altersklassen beschäftigen, die nicht nur an ihrem eigenen Leben, sondern auch an einem möglichst lebenswerten Fortbestand der Spezies Mensch interessiert sind. Für diese verantwortlich denkenden Menschen wurden in diesem Buch einige Erkenntnisse zusammengetragen, die für eine rationale Beschreibung der Zukunft des menschlichen Lebens auf der vom Menschen geschundenen Erde hilfreich sein könnten.

Der Autor, im Sommer 2020

Einleitung

Schon die frühen Aufzeichnungen von Philosophen und die „heiligen Schriften" der Weltreligionen belegen, dass die Menschen seit mindestens dreitausend Jahren eifrig über die Kernfragen des Lebens „woher komme ich", „wozu bin ich hier" und „wohin gehe ich" nachdenken. Allerdings weichen die von Philosophen, Theologen, Dichtern, Denkern und sonstigen Welterklärern in großer Fülle angebotenen Antworten teilweise erheblich voneinander ab. Die einen Denkmodelle versuchen, den Sinn des Lebens mit Hilfe einer äußeren Institution zu erklären, die sich z.B. auf ein göttliches Gebot beruft; andere versuchen, die erkennbaren Gesetze der Natur als Erklärung heranzuziehen, indem sie z.B. die primäre Aufgabe des Menschen in der Fortpflanzung oder der Arterhaltung sieht; wieder andere gehen davon aus, dass der einzelne Mensch gefordert ist, autonom ein selbstbestimmtes Leben zu führen und sich einen Lebensweg zu wählen, den er als sinnvoll erachtet und der im Einklang mit seiner Umgebung steht. Die meisten Denkmodelle postulieren eine aus ihrer Sicht ideale Wertvorstellung, deren Einhaltung ein sinnvolles Leben ermöglichen bzw. sogar „sicherstellen" soll. Die - gemessen an der Zahl ihrer Anhänger - erfolgreichsten Philosophien bzw. Religionen bieten Denkmodelle an, die auf eine für den einzelnen Menschen nicht nachprüfbare Belohnung bzw. Bestrafung nach dem Tode abgestellt sind. Hierzu ist aber die Vorstellung erforderlich, dass es nach dem Tod des Menschen noch einen ihn „überlebenden" materiellen oder auch immateriellen Bestandteil von ihm gibt, an dem diese Belohnung bzw. Bestrafung vollzogen werden kann. Viele der heute bestehenden Welterklärungsmodelle sind jedenfalls darauf zugeschnitten, dass der Mensch auch nach seinem Tode in irgendeiner Weise zur Rechenschaft gezogen werden kann.

Allerdings haben sich seit den ersten Dokumentationen der Grundlagen für diese Denkmodelle die naturwissenschaftlichen Erkenntnisse über die „Welt" von einfachen Bildern aus Erde, Wasser, Luft und Sonne und von „unsterblichen Seelen" zu einem weitgehend vermessenen Bild des Universums entwickelt, in dem unsere Erde, unser Sonnensystem und selbst unsere Galaxie (die „Milchstraße") nur die Rolle von Stecknadeln im Heuhaufen einnehmen und in dem auch der Mensch als biochemisches System beschrieben werden kann, das durch eine für uns Menschen unvorstellbar lange Reihe von zufallsgesteuerten Ereignissen entstanden ist und voraussichtlich spätestens mit dem Erlöschen der lebensfreundlichen Bedingungen auf der – im Vergleich zum Universum – winzig kleinen Erde erlöschen wird. Im gleichen Zeitraum ist die Erdbevölkerung von wenigen Millionen auf fast 7,8 Milliarden Menschen angewachsen und die politischen und gesellschaftlichen

Ordnungssysteme haben sich nachhaltig verändert. Für einen im 21. Jahrhundert lebenden Menschen, der die Welt erkennen und dabei für sich einen geeigneten Lebensweg finden möchte, können diese Veränderungen und die dramatisch erweiterten Zugangsmöglichkeiten zu den immer wieder aktualisierten Erkenntnissen der Naturwissenschaften bei der Beantwortung der Kernfragen des Lebens nicht unberücksichtigt bleiben, da die überkommenen Erklärungsmodelle der Weltreligionen den Anschluss an die gesicherten naturwissenschaftlichen Erkenntnisse seit langem verloren bzw. noch nie wirklich gesucht haben.

Tatsache ist, dass die meisten Menschen in eine Umgebung geboren werden, die es ihnen weitestgehend abnimmt, sich für ein eigenständig entwickeltes Modell zur Erklärung der Welt zu entscheiden; nur wenige finden im Laufe ihres Lebens die Kraft und die Zeit für eine Befreiung aus dem ihnen aufgeprägten bzw. „anerzogenen" Erklärungsmodell. Sie leben in einem Dilemma zwischen dem von ihrer näheren Umgebung für richtig „erkannten" und einem unter vollem Einsatz der eigenen geistigen und psychischen Kräfte erzielbaren Denkmodell. Nicht selten wird dabei ein kritischer Verstand durch den Charme bzw. die „Überzeugungskraft" von Traditionen - oder auch durch die eigene Bequemlichkeit - weitgehend „überstimmt".

Viele Menschen neigen jedoch von vornherein dazu, einem rational begründbaren Denkmodell bereits in einem Stadium aus dem Weg zu gehen, das auch von ihnen noch mit ihrer Vernunft erfasst werden könnte; sie lassen vorsichtshalber die nachprüfbaren Fakten gar nicht erst auf sich wirken bzw. flüchten lieber gleich in irrationale Erklärungsmodelle, die teilweise wesentlich höhere Anforderungen an ihre Vorstellungskraft stellen, als die nachprüfbaren Erklärungsmodelle, welche man aus der sorgfältigen Beobachtung der Natur und des Kosmos ableiten kann. Aber auch derjenige, der ernsthaft nach einem Erklärungsmodell sucht, das einer strengen logischen Überprüfung anhand der heute verfügbaren naturwissenschaftlichen Erkenntnisse standhalten kann, wird noch Gelegenheit haben, sich mit einem bis heute noch nicht vollständig erklärbaren Beginn der Welt und dem bis heute nicht bekannten Sinn des Universums zu beschäftigen. Es spricht vieles dafür, dass sich der Mensch ohne weitere Erkenntnisse über eine zutreffende „Weltformel" bzw. ohne weitere Evolutionsschritte seiner Gehirnstruktur diese Bereiche nicht erschließen können wird. Dennoch wäre die Menschheit bereits jetzt in der Lage, auf der Grundlage der heute gesicherten naturwissenschaftlichen Erkenntnisse die Kernfragen des Lebens zu beantworten, ohne dabei auf „übernatürliche" Erklärungselemente zurückgreifen zu müssen.

Ein besonderes Problem für den Menschen bzw. die Menschheit wird sich aber aus einem weiteren dynamischen Anwachsen der Weltbevölkerung ergeben. Da dieses Wachstum in erster Linie auf Unwissenheit und auf fehlende Aufklärung zurückzuführen ist, wird sich dieser Trend ohne nachhaltige Abkehr von Falschaussagen der Welterklärer, von religiösen Fehlinterpretationen, von menschlichen Eitelkeiten und von unzureichenden Vorsorgemaßnahmen nicht wesentlich verändern. Damit wird sich für einen Großteil der Menschheit die für sie bereits bestehende Knappheit an sauberem Trinkwasser, an reiner Luft, an Nahrungsmitteln, an Energie, an gesundheitlichem und altersbedingtem Versorgungsbedarf noch wesentlich verstärken. Wenn die Menschheit die sich aus einem weiteren ungestümen Anwachsen der Weltbevölkerung zwangsläufig ergebenden Folgen wie unkontrollierte Völkerwanderungen, gewaltsame Umverteilungen und Kriege um Ressourcen vermeiden oder zumindest reduzieren will, muss es ihr in erster Linie gelingen, den weltweiten Bevölkerungszuwachs nachhaltig auf ein umweltverträgliches Maß zu reduzieren. Um dies erfolgreich angehen zu können, müssen die Ursachen für diese unkontrollierte Entwicklung ohne Rücksicht auf liebgewordene Welterklärungsmodelle analysiert werden; darauf aufbauend müssen diejenigen Maßnahmen erkannt und umgesetzt werden, die zur Beseitigung dieser Ursachen geeignet sind.

Eine noch größere Bedrohung für die Zukunft des Menschen wird sich aus dem Glauben vieler Völker bzw. ihrer Volkswirtschaften ergeben, dass es zur Sicherstellung eines guten Wohlbefindens großer Bevölkerungskreise unbedingt notwendig ist, ein immerwährendes Wirtschaftswachstum zu erzeugen. Solange dieses ständige Wachstum mit ständig wachsender Verunreinigung der Luft, des Wassers und des Erdbodens einhergeht, wird sich daraus, wenn nicht geeignete Gegenmaßnahmen getroffen werden, eine dramatische Verschlechterung der Lebensbedingungen auf der Erde ergeben, an deren Ende das Aussterben des Menschen und vieler anderer Lebewesen stehen wird.

Bereits jetzt kann man erahnen, dass die größten Hindernisse für die Lösung dieser Probleme in der ausgeprägten Unfähigkeit des Menschen liegen werden, sich von Falschmeldungen oder nicht beweisbaren Behauptungen unwissender oder auch betrügerischer Welterklärer und insbesondere von dem ihm eigenen Drang nach ständig wachsendem Konsum bzw. von dem Glauben an die Notwendigkeit eines ständigen Wirtschaftswachstums zu verabschieden. Die Menschheit kann die von ihr selbst ausgehende Zerstörung der eigenen Lebensgrundlagen nur durch ein umfangreiches Aktionsprogramm abwenden, mit dem die Einflüsse aus falschen Welterklärungen und aus der Verschwendung von Ressourcen wirkungsvoll zurückgedrängt bzw. durch nachhaltig wirksame Selbstbeschränkungen und intelligente Innovationen erfolgreich bekämpft werden können.

Die Geschichte der Menschheit ist reich an Falschmeldungen

Der Mensch ist in der Lage, sich in fast unbegrenztem Umfang Geschichten und Bilder auszudenken, die weit über das tatsächlich von ihm Beobachtete und auch über das von ihm Beobachtbare hinausgehen. Ja, mancher Mensch scheint sogar eine besondere Vorliebe für solche Bilder und Texte zu haben, welche mehr oder weniger deutlich den rational nachvollziehbaren Rahmen übersteigen. Es ist deshalb nicht wirklich überraschend, dass einzelne Menschen diese Fähigkeit dazu nutzen, Mitteilungen an andere Menschen so zu formulieren, zu verändern, oder zu ergänzen, dass die in der Mitteilung enthaltene Botschaft einen anderen Inhalt erhält bzw. zu einer anderen Aussage und damit zu einer anderen - und damit manipulierten - Reaktion führt. Die modernen Begriffe „Fake-News", „alternative Fakten", „postfaktisches Zeitalter" könnten als Hinweis darauf interpretiert werden, dass der Mensch in einer neuen Phase der Wahrheitsliebe angekommen ist, in der die in den letzten Jahrzehnten vielzitierte „politische Korrektheit" zunehmend an Bedeutung verliert. Hinzu kommt, dass die modernen digitalen Netzwerke eine bis jetzt nur unvollständig kontrollierbare Verbreitung von Falschmeldungen erlaubt. Ob die Anstrengungen der nationalen und internationalen Ordnungskräfte ausreichen werden, die derzeitige und die künftig zu erwartende Flut an kommunizierten Unwahrheiten zu begrenzen bzw. zu kontrollieren, kann derzeit nicht zuverlässig vorhergesehen werden. Die aktuellen Enthüllungen zum massiven Missbrauch gigantischer Adressdateien durch „soziale Netzwerke" und ihre sich immer weiter verbreitende Nutzung zu Verleumdungen, üblen Nachreden und verbalen Bedrohungen machen die Notwendigkeit geeigneter Gegenmaßnahmen deutlich.

Aber auch ohne digitale Hilfsmittel hat es in der Geschichte der Menschheit bereits eine Vielzahl von Falschmeldungen, nicht beweisbaren Behauptungen oder ungeprüft von anderen Menschen übernommenen Erzählungen gegeben, die sich als folgenschwer für ganze Völker oder für erhebliche Teile der Menschheit herausgestellt haben.

Am Beispiel berühmter Falschmeldungen der weltlichen und geistlichen Geschichte kann gezeigt werden, wie mit gezielt eingesetzten Unwahrheiten erhebliche Machtverschiebungen erreicht werden konnten; im Vergleich mit den Auswirkungen der sich aus unzutreffenden Darstellungen der biblischen Schöpfungsberichte hergeleiteten „Sündentheologien", die auch heute noch das Leben vieler Menschen nachhaltig beeinflussen, sind die Auswirkungen dieser Falschmeldungen aber eher als „milde" anzusehen.

Manche Zeitgenossen denken, dass „Fake News" –also absichtlich in Umlauf gebrachte Falschmeldungen – das Übel unserer Zeit sind. Doch ein Blick in die Geschichte zeigt: „Fake News" sind deutlich älter als das Internet und es gab sie schon lange Zeit vor der Erfindung des Buchdruckes.

1274 v.u.Z. Schlacht von Kadesch

In Ägypten regierte im 13. Jahrhundert v.u.Z. Pharao Ramses II. (1278 – 1213 v.u.Z.); er war bereits in jungen Jahren im östlichen Mittelmeerraum einer der mächtigsten Männer seiner Zeit, doch er wollte sein Reich nach Norden vergrößern und die bereits früher von Ägypten beherrschten Teile Nordsyriens dem Einfluss der dort herrschenden Hethiter entreißen. Im Jahr 1274 v.u.Z. zog Ramses II. mit einem Heer aus vier Divisionen gegen die Hethiter in den Krieg. Bei Kadesch kam es zur Schlacht zwischen den beiden Armeen. Der junge Ramses war als Heerführer noch nicht sehr erfahren und scheiterte beim Versuch, die Stadt zu erobern. Bei seinem eher etwas unkontrollierten Rückzug konnte sich Ramses nur mit Hilfe von Nachschubtruppen zu den beiden noch intakten Divisionen durchschlagen, mit denen er sich fluchtartig nach Ägypten absetzte. Dort angekommen verkündete er kurzerhand und wider besseres Wissen, er habe die Hethiter besiegt und ließ seinen angeblichen „Triumpf" in Stein meißeln. Einer Überprüfung dieser Falschmeldung konnte oder wollte sich damals kaum jemand widmen. Diese Siegesmeldung ist damit eine ältesten dokumentierten Fake News der Welt.

31 v.u.Z. Schlacht bei Actium

Mehr als tausend Jahre später standen sich in der Seeschlacht bei Actium die Truppen der Pharaonin Kleopatra und des Römers Octavian gegenüber. Kleopatra und ihrem Geliebten Marcus Antonius gelang es in einer mutigen Aktion, dem Belagerungsring Octavians zu entkommen und ihre Kriegskasse zu retten. Doch noch während sie ihren Sieg feierten, ließ Octavian verbreiten, Kleopatra und Marcus Antonius seien militärisch besiegt. Die verbliebenen Truppen des Marcus Antonius glaubten diesen „Fake News" und liefen über. Damit war das Schicksal des Reiches der Pharaonen besiegelt; Antonius und Kleopatra nahmen sich das Leben und Octavian schrieb als mächtiger Kaiser Augustus Weltgeschichte.

Um 800 n.u.Z. Konstantinische Schenkung

Aber nicht nur weltliche Herrscher zeigten sich kreativ

im Umgang mit der Wahrheit. Eine um das Jahr 800 datierte gefälschte Urkunde behauptet, Kaiser Konstantin I. habe in den Jahren 315 -317 den Päpsten eine auf geistliche Belange gerichtete, jedoch zugleich politisch wirksame Oberherrschaft über Rom und Italien und das gesamte weströmische Reich, aber auch das gesamte Erdenrund mittels Schenkung übertragen. Die Päpste nutzten diese Urkunde, um ihre Vormacht in der Christenheit und ihre territorialen Ansprüche zu begründen. Als im 15. Jahrhundert die Fälschung nachgewiesen wurde, blieb dies bis zur Kritik der Reformation am Papsttum weitgehend unbekannt. Vom 17. bis 19. Jahrhundert an räumte die römisch-katholische Kirche zwar ein, dass diese Urkunde gefälscht sei, behauptete aber weiterhin, dass es diese Schenkung gegeben habe. Heute wird die gefälschte Urkunde nur noch als „Symbol der irdischen Gestalt der Kirche" und nicht mehr als Anspruchsbeleg auf einen Besitztitel für den Kirchenstaat verstanden.

Um 1500 Ablass-Handel

Der um das Jahr 1500 bereits seit mehreren Jahrhunderten übliche Handel der römisch-katholischen Kirche mit Ablassbriefen, mit deren Erwerb der „reuige Gläubige" den vollen oder teilweisen Erlass der von ihm im „Fegefeuer" zu verbüßenden Sündenstrafen erwirken konnte, erreichte seinen Höhepunkt. Erst mehr als 30 Jahre nach der Intervention durch Martin Luther hat die römisch-katholische Kirche diesen auf einer offensichtlichen Falschmeldung beruhenden Ablasshandel eingestellt und schließlich auch verboten.

1533 Eroberung des Inkareiches

Als etwa 300 spanische Soldaten unter der Führung Pizarros vom mächtigen Herrscher von Peru, dem Inka Atahualpa empfangen wurden, forderte der Mönch Vicente de Valverde den Inka auf, sich zum Christentum zu bekennen und sich der spanischen Krone zu unterwerfen. Dabei überreichte er ihm die Bibel als „Wort Gottes". Der Inka kannte weder Schrift noch Bücher und erwartete, dass das Buch zu ihm sprechen würde; als dies nicht geschah, warf er die Bibel auf den Boden. Daraufhin griffen Pizarros Soldaten an, nahmen Atahualpa gefangen und richteten aufgrund ihrer waffentechnischen Überlegenheit an seinen 4000 bis 5000 Kriegern ein Blutbad an. Für ein Lösegeld von mehreren Tonnen Gold und Silber sagte Pizarro die Freilassung Atahualpas zu. Diese Zusage stellte sich jedoch als „Fake News" heraus, denn nach der Übergabe des Lösegelds wurde der Inka von spanischen Soldaten erdrosselt. Da seine Soldaten bzw. sein Volk aufgrund der gottähnlichen Stellung ihres

Inkas praktisch führungs- und damit wehrlos waren, konnten die Spanier die Macht über das Inkareich gewinnen.

1789 „Große Furcht" in Frankreich

Auch nach der Erfindung der Buchdruckerkunst konnten Fake News noch ohne schriftliche Form verbreitet werden; es reichte eine eifrige Mund-zu-Mund-Propaganda. In der französischen Bevölkerung des 18. Jahrhunderts ging die Angst um. Die „Grande Peur", die „Große Furcht" beschäftigte viele Menschen. Der Sturm auf die Bastille stürzte das Land ins Chaos. Die Bevölkerung war sehr verunsichert. Dann tauchten von Revolutionären gezielt verbreitete Meldungen über herumstreunende Räuberbanden und Plünderer auf. Die Landbevölkerung bewaffnete sich, um sich in diesen unsicheren Zeiten selbst verteidigen zu können. Die Erfinder dieser Fake-News hatten ihr Ziel erreicht: Sie konnten die Wut des einfachen Volkes dazu nutzen, dass es die Waffen gegen den Adel und die Feudalherren richtete; die Nationalversammlung in Paris geriet unter einen enormen Druck und schaffte in der Nacht vom 4. zum 5. August 1789 zahlreiche Vorrechte der privilegierten Stände ab. Mit dem Ende der bestehenden Monarchie 1792 wurde auch die Feudalordnung vollständig abgeschafft.

1870 Emser Depesche

Mit der „Emser Depesche" kreierte Otto von Bismarck 1870 einen der spektakulärsten Fälle von Fake News. Bismarck kürzte eine Nachricht der französischen Regierung an den preußischen König so geschickt, dass es so aussah, als wolle Frankreich dem preußischen König ein Ultimatum stellen. Die gekürzte Depesche gab Bismarck an die Presse weiter. Frankreich war zutiefst beleidigt und erklärte Preußen kurzerhand den Krieg. In der öffentlichen Wahrnehmung trug allein Frankreich die Schuld an dem Konflikt, während Bismarck bzw. Preußen unschuldig zu sein schienen. Es kam zum Krieg, dessen für Preußen bzw. den Norddeutschen Bund siegreiches Ende von Bismarck zur Gründung des Deutschen Reiches und zur Proklamation des preußischen Königs zum deutschen Kaiser im Spiegelsaal zu Versailles genutzt wurde, während Frankreich tief verletzt war und Deutschland fortan als Erzfeind betrachtete.

1918 Dolchstoßlegende

Mit der sich seit Ende 1918 zunehmend verdichtenden „Dolchstoßlegende" wollten die Oberste Heeresleitung und weitere rechtsgerichtete Kreise in Deutschland die

Schuld an der Niederlage den angeblich zersetzenden Umtrieben der politischen Linken zuschreiben. Das dabei verwendete Bild des heimtückisch von hinten mit einem Dolchstoß ermordeten Frontsoldaten wurde vom konservativ-nationalistischen deutschen Bürgertum bereitwillig aufgegriffen, da es eine willkommene Erklärung für die im Herbst 1918 als überraschend empfundene Niederlage geliefert hat. Insbesondere die Nationalsozialisten griffen die Dolchstoßlegende auf, verknüpften sie mit ihrem Aufruf zum Antisemitismus und versuchten, die Schuld an der Niederlage auch der jüdischen Bevölkerung zuzuschieben.

1939 Hitler-Stalin-Pakt

Am 24. August 1939 wurde zwischen dem „Großdeutschen Reich" und der Sowjetunion der „Deutsch-sowjetische Nichtangriffspakt" geschlossen, dessen Hauptzweck war, sowohl für Deutschland als auch für die Sowjetunion einen Zeitgewinn für die von beiden Seiten als unausweichlich angesehene militärische Auseinandersetzung bringen sollte. Allerdings gingen beide Parteien schon bei Abschluss des Pakts davon aus, dass er – zumindest von einer Seite - vor Ablauf der zehnjährigen Vertragslaufzeit gebrochen werden würde. Der Pakt kann damit als „Double-Fake-News" angesehen werden.

1939 Überfall auf den Sender Gleiwitz

Ein ohne die vorbeschriebene „Doppel-Fake-News"
wahrscheinlich nicht denkbarer, inszenierter „Überfall"
von angeblich polnischen Landsleuten auf den Sender
Gleiwitz wurde von Hitler dazu verwendet, die
Kriegserklärung gegen Polen zu begründen.

Seit 1945 Holocaustleugnung

Obwohl die Morde an Juden durch die
Nationalsozialisten inzwischen von Zeitzeugen und
historischen Dokumenten zweifelsfrei belegt sind,
haben einzelne Personen, politische Gruppierungen und
Regierungsmitglieder verschiedener Länder immer
wieder die Falschmeldung verbreitet, dass diese
Verbrechen nicht oder nicht in dem historisch belegten
Ausmaß stattgefunden haben.

*1961 Leugnung des bevorstehenden Mauerbaus in
Berlin*

Am 15. Juni 1961 – also ca. 4 Wochen vor Beginn des
Mauerbaus – sagte Walter Ulbricht auf einer
Pressekonferenz in Ost-Berlin: „Niemand hat die
Absicht, eine Mauer zu errichten", obwohl die
Planungen dafür bereits in vollem Gange waren.

1964 Tolkin-Zwischenfall

Der Eintritt der USA in die kriegerischen Auseinandersetzungen zwischen Nord- und Südvietnam war – wie wir heute wissen – bereits von Präsident Kennedy geplant. Am 31. Juli 1964 griff ein südvietnamesisches Sabotagekommando im Rahmen der verdeckten militärischen Planungen der USA zwei nordvietnamesische Inseln an. Die United States Navy behauptete daraufhin, dass am 2. und 4. August 1964 nordvietnamesische Schnellboote zwei US-amerikanische Kriegsschiffe ohne Anlass beschossen haben. Damit begründete die US-Regierung unter Präsident Johnson ihre „Tolkin-Resolution", die das direkte Eingreifen der USA in den seit 1956 andauernden Vietnamkrieg forderte. Seit den 1980er Jahren ist erwiesen, dass die behaupteten Torpedoangriffe nicht stattgefunden haben.

1983 Hitler-Tagebücher

Konrad Kujau fälschte die angeblich geheimen Tagebücher Adolf Hitlers und verkaufte die 62 Bände 1983 an das Nachrichtenmagazin „Stern", welches damit begann, Auszüge aus den Tagebüchern zu veröffentlichen, bis nach 9 Tagen vom Bundeskriminalamt festgestellt wurde, dass es sich bei den „Tagebüchern" zweifelsfrei um eine Fälschung handelte.

2001 Selbstmord-Attentäter

Eine hochwirksame Falschmeldung beschäftigt viele Menschen spätestens seit dem Angriff am 11. September 2001 auf das World Trade Center in New York in besonderem Maße: Das Versprechen betrügerischer Welterklärer, dass feige islamistische Selbstmord-Attentäter, die möglichst viele „Ungläubige" mit in den Tod reißen, im „Paradies" mit dem sexuellen Kontakt zu vielen Jungfrauen „belohnt" werden. Das kann nur als Erweiterung eines bereits seit Langem verwendeten Trugbildes interpretiert werden: Schon bald nach der Entstehung des Islam begannen islamische Autoritäten den unmittelbaren Eintritt in das „Paradies" zu versprechen, sollte man während des Kampfes für Gott und den Islam („Dschihad") sterben.

2003 Irak-Krieg

Und der Zweite Weltkrieg war leider nicht der letzte Krieg, der aufgrund von Fake News begonnen wurde. 2003 verkündete der US-Verteidigungsminister Colin Powell vor dem UN-Sicherheitsrat, der Irak besitze Massenvernichtungswaffen, und wolle sie einsetzen. Damit hatten die Amerikaner ihren Kriegsgrund und marschierten im Irak ein. Heute wissen wir, dass es diese Waffen nicht gegeben hat und, dass dieser Krieg nicht gerade zur Stabilisierung dieser Region geführt hat.

2006 Globuli

Im Homöopathischen Arzneibuch 2006 wurden „Globuli" als alternative „Medizin-Kügelchen" beschrieben, die praktisch nur aus Haushaltszucker bestehen und in den meisten Fällen nur wenige Moleküle von Substanzen enthalten, deren medizinische Wirksamkeit – schon gar nicht in der empfohlenen extremen Verdünnung - nicht nachgewiesen werden kann. Es handelt sich dabei offensichtlich um ein Scheinmedikament, das bestenfalls einen Placebo-Effekt auslösen könnte. Trotzdem erfreuen sich diese Kügelchen bei solchen Menschen großer Beliebtheit, die in der Lage sind, an ihre von bestimmten „Heilkundigen" behauptete positive Wirkung zu glauben.

2012 Trumps Meldung zum Klimawandel

Donald Trump teilte 2012 per „Twitter" mit, die Idee des Klimawandels sei "von den und für die Chinesen erfunden worden, um der Wettbewerbsfähigkeit der Industrie in den USA zu schaden". Und das, obwohl auch er sich von seriösen Wissenschaftlern darüber hätte informieren lassen können, dass der Mensch allein durch das hemmungslose Verbrennen der in vielen Millionen Jahren entstandenen fossilen Brennstoffe den Hauptteil des Klimawandels zu verantworten hat.

Seit 2015 ist bekannt, dass in der Autoindustrie in erheblichem Umfang verbotene Abschalteinrichtungen genutzt wurden, die es ermöglichen, die von einem Kraftfahrzeug auf einem Prüfstand ausgestoßenen Abgase gegenüber dem Normalbetrieb drastisch zu vermindern. Mit diesen betrügerischen Manipulationen wurden die Käufer und die Prüfer über den tatsächlichen Umfang des Abgasausstoßes und die damit verbundene Umweltbelastung nachhaltig getäuscht. Die durch die zusätzlichen Abgase verursachten Gesundheitsschäden und die damit verbundene Verkürzung der Lebenserwartung werden in erster Linie solche Menschen treffen, die in der Nähe von hochbelasteten Verkehrswegen wohnen (müssen). Immer mehr Menschen wird es inzwischen klar, dass durch diese Abgas-Manipulationen der von den strengen Abgasvorschriften angestrebte Effekt der Entwicklung neuer Antriebstechnologien aus reinem Profitdenken verzögert wurde. Aber auch der Verbraucher hat – obwohl er seit Jahren zumindest sicher weiß, dass Diesel-Motoren eine deutlich höhere Menge an Feinstaub ausstoßen als andere Antriebssysteme, aus wirtschaftlichen Gründen (nämlich durch Nutzung der zumindest in Deutschland politisch motivierten Steuervorteile des Diesel-Kraftstoffes) diese erhöhte Umweltbelastung in Kauf genommen. Inzwischen wird deutlich, dass auch viele Besitzer bzw. Fahrer von Lastkraftwagen die zur Reduzierung von Emissionen vorgeschriebenen Katalysatoren einfach abschalten, um sich zu Lasten der Umwelt wirtschaftliche Vorteile zu verschaffen. Und es kommt noch schlimmer: Obwohl noch nicht bekannt ist, wie die in Akkumulatoren verwendeten Chemikalien ohne irreversible Kontamination der Böden in der Umgebung der Herstellerfabriken hergestellt und später ohne umweltbelastende Rückstände entsorgt werden können, will ein großer Teil der Autoindustrie die vermeintlich rettende „Flucht nach vorn" antreten und ihre Automobile überwiegend mit Elektromotoren ausstatten. Solange das Entsorgungsproblem nicht für den zu erwartenden Milliardenbestand an elektrisch angetriebenen Kraftfahrzeugen als lösbar anzusehen ist, wird damit voraussichtlich eine Falschmeldung durch eine andere abgelöst.

Man könnte diese komprimierte Darstellung sicher noch durch eine lange Liste bemerkenswerter Falsch-meldungen ergänzen, die beispielsweise in so manchen Propagandafeldzügen totalitärer Staaten, in allen Phasen der kriegerischen Auseinandersetzung und insbesondere im „Kalten Krieg" produziert wurden und die auch heute noch massiv eingesetzt werden; im Übrigen ist davon auszugehen, dass viele „Fake News" der Geschichte gar nicht dokumentiert wurden und deshalb für immer verborgen bleiben. Die vorstehende Darstellung berühmter „Fake News" soll lediglich veranschaulichen, dass „der Mensch" in erheblichem Umfang bereit und in der Lage ist, Falschmeldungen zu formulieren und zur Erreichung von Machtvorteilen gegenüber anderen Menschen einzusetzen; die zuletzt dargestellten Falschmeldungen zeigen aber, dass in neuester Zeit auch Fake-News eingesetzt werden, welche der Gewinnmaximierung dienen, obwohl sie zu erheblichen Belastungen der Umwelt führen.

Die Vermutung liegt nahe, dass auch einige der erfolgreichsten Mythologien, Religionen und Philosophien der Menschheitsgeschichte mit bewussten Falschmeldungen oder zumindest mit nicht beweisbaren Behauptungen dazu beigetragen haben, die Kernfragen des Lebens völlig unzutreffend zu beantworten und auf diese Weise die Menschheit von einer rationalen Positionierung und einer wirksamen Gestaltung ihrer eigenen Zukunft abzulenken. Um den Wahrheitsgehalt dieser Falschmeldungen und ungesicherten Postulate zutreffend herauszufinden, werden im Folgenden die entscheidenden Aussagen auf Widersprüche und Ungereimtheiten hin untersucht und mit Hilfe der gesicherten Erkenntnisse der Gegebenheiten der Natur widerlegt. Hierfür sind einige Überlegungen nötig, die schon etwas tiefer in die menschliche Vorstellungswelt und ihre Abweichungen von der kosmischen Wirklichkeit eindringen müssen.

Es gibt viele Erklärungsmodelle für die Welt und das Leben

Die Frage nach Antworten auf die „Kernfragen des Lebens" wird häufig auch als Frage „wie kann man sich die Welt erklären" gestellt. Wenn man diesen erweiterten Weg beschreiten will, muss man vorab klären, wie man das Wort „Welt" verstehen möchte.

Im allgemeinen Sprachgebrauch wird meist die Erde als „Welt" bezeichnet; dies zeigt sich in erster Linie in Wortverbindungen wie Weltgeschichte, Weltreligion, Weltreise, Weltmeisterschaft usw.. Oft versteht man unter „der Welt" auch nur „die Menschen" (z.B. in „Gott und die Welt") oder bestimmte Menschengruppen bzw. Charakterisierungen (z.B. in „Modewelt", „Unterwelt", „Arbeitswelt").

Naturwissenschaftlich gesehen ist das Wort „Welt" bedeutungsgleich mit „Weltall", d.h. mit der Gesamtheit des mit Materie und Energie erfüllten Raumes; ihre Entstehung und Weiterentwicklung folgt strengen Naturgesetzen, die auch heute noch nicht vollständig bekannt sind. Im Unterschied zu anderen Modellen der Welterklärung sind die Naturwissenschaften aber mit vollem Ehrgeiz bemüht, ihre bisherigen Erkenntnisse sorgfältig zu hinterfragen und immer dann zu ergänzen bzw. zu revidieren, wenn sich aus intensiver Forschung und konstruktivem Nachdenken neue Erkenntnisse ergeben.

In der Philosophie werden bisweilen in den Begriff der „Welt" auch noch vom Menschen entwickelte Gedanken und Ordnungsprinzipien und immaterielle Strukturen einbezogen, die – zumindest nach Meinung antiker Philosophen - auch nach dem Tod des einzelnen Menschen noch bestehen könnten.

In den abrahamitischen Weltreligionen (Judentum, Christentum, Islam) wird „Welt" in erster Linie als Ergebnis der Schöpfung durch den biblischen Gott verstanden. Der Mensch hat sich durch den „Sündenfall" von seinem Schöpfergott entfernt. Das Warten im Judentum auf den Messias hat aber nichts mit Erlösung zu tun, sondern ist das Zeichen für den Beginn der „Kommenden Welt", in der alle Juden vereint werden; im Judentum besteht für den einzelnen Menschen die Möglichkeit, durch eine geeignete Lebensführung zu erreichen, dass Gott ihm seine Sünden vergibt. Das Christentum geht mit Paulus davon aus, dass diese Schuld im Grundsatz durch den Tod des Wanderpredigers Jesus überwunden wurde, den die Christen als leiblichen Sohn ihres Schöpfergottes verstehen. Der christliche Gott behält sich allerdings vor, die Erlösung im Einzelfall zu gewähren; sie kann grundsätzlich nicht „verdient" werden.

Der Islam basiert auf einer vom Propheten Mohammed verkündeten Welterklärung, die sich in erster Linie auf das arabische Rechtsverständnis des 7. Jahrhunderts stützt; nach islamischer Vorstellung kann der einzelne Gläubige die Schuld bzw. die Sünde durch ein gottesfürchtiges Leben „überwinden".

Im Hinduismus treten verschiedene Götter als Schöpfer der Welt auf; wichtig ist aber, dass die Schöpfung nur als Teil eines Kreislaufes gilt, der sich immer aufs Neue wiederholt: In „unendlich" großen Abschnitten wechseln sich Schöpfung, Verfall und Zerstörung ab. Schließlich gilt die ganze Welt als Traum der höchsten Gottheit. Die Seelen von Lebewesen wandern nach einer vom einzelnen Lebewesen nicht erkennbaren Gesetzmäßigkeit in neue Lebewesen, bis sie zum „Absoluten" und zur „höchsten Seligkeit" zurückkehren.

Auch im Buddhismus entstehen und vergehen Welten zyklisch. In der Welt der Wiedergeburten wandern fühlende Wesen - beeinflusst durch ihre Lebensgestaltung - von einer Existenz in die nächste. Ziel ist die Befreiung vom Ego; höchstes Ziel ist die „Erleuchtung", d.h. das Erlebnis höchster Weisheit als höchste Freude und das Finden des Weges aus dem Leiden.

Neben den hier als „Weltreligionen" bezeichneten fünf Religionen (Judentum, Christentum, Islam, Hinduismus und Buddhismus) gibt es auf der Erde schätzungsweise noch ca. 670 Religionen, Kirchen, Konfessionen und Kulte, deren Denk- bzw. Erklärungsmodelle sich in ihren unbewiesenen bzw. nicht beweisbaren Elementen teilweise so gravierend unterscheiden, dass es praktisch keine Möglichkeit gibt, genügend Gemeinsamkeiten zu finden, die als Basis für ein allgemein gültiges Erklärungsmodell verwendet werden könnte.

Das Judentum besteht seit fast 3300 Jahren, die christlichen Religionen bestehen seit fast 2000 Jahren, der Islam seit fast 1400 Jahren, der Hinduismus seit ca. 4500 Jahren und der Buddhismus seit mehr als 2500 Jahren.

Im Übrigen gab es bereits vor den heute noch dominierenden Welterklärungsmodellen mächtige Religionen und Mythologien, die teilweise bis heute ihre Nachwirkungen in Literatur und Geistesgeschichte haben. So hat z.B. die altägyptische Mythologie mit mehr als hundert Göttern und Göttinnen länger als 3500 Jahre bestanden und mit einer einflussreichen Priesterkaste die Macht der Pharaonen unterstützt, bis sie vergleichsweise unspektakulär durch die multifunktionale Mythologie der griechischen Eroberer verdrängt wurde, die ebenfalls über viele Gottheiten verfügte und selbst – im Wesentlichen durch Umbenennung bzw. neue Aufgabenteilung der Götter – von der römischen Mythologie abgelöst wurde. Die römische Mythologie ihrerseits wurde im römischen Reich der ersten drei Jahrhunderte nach Christus - vermutlich wegen ihrer schwindenden Überzeugungskraft und aus machtpolitischen Motiven - durch das Christentum abgelöst, das im späteren osmanischen Reich – wiederum überwiegend aus machtpolitischen Motiven - durch den Islam verdrängt wurde. Damit wird deutlich, dass auch die mächtigsten Denkmodelle in erster Linie für die Macht über Menschen benutzt werden und damit – wie die Macht - einem Verfallsprozess unterliegen. Über die künftige „Lebenserwartung" der heute bestehenden „Weltreligionen" kann spekuliert werden. Die von den meisten Weltreligionen noch in spürbarem Umfang praktizierte Ungleichbehandlung der Frauen und das vom Hinduismus von den herrschenden Schichten nicht ganz uneigennützig am Leben erhaltene Kastensystem könnten Ansatzpunkte für nachhaltige Veränderungen werden. Die größte Veränderung für die dominierenden Religionen könnte sich aber aus dem Internet ergeben, da die eher jüngeren „Anwender" geneigt sein könnten, sich von den schon etwas überkommenen Regeln und Bildern abzuwenden und sich neuen – scheinbar attraktiveren - „Göttern" (oder „Götzen"?) der internationalen Medienwelt zuzuwenden. Aus der Sicht einer bereits etwas abgeklärten Generation werden sie dabei „vom Regen in die Traufe" kommen; sie vertauschen dabei lediglich die Personen bzw. Institutionen, welche die Macht über ihr Inneres (oder vorzugsweise über ihre wirtschaftlichen Mittel) ausüben können und werden. Bei näherer Betrachtung könnte sich der Unterschied zwischen dem lukrativen Ablasshandel der römisch-katholischen Kirche mit dem lukrativen Handel von Daten der als „Freunde" von „sozialen Netzwerken" angeworbenen Menschen dahingehend zeigen, dass der Ablasshandel wenigstens der Schaffung beeindruckender Kirchengebäude diente, während der Handel mit den Daten von „Freunden" in bestimmten sozialen Netzwerken nur zur Vermögensmehrung für wenige clevere Macher genutzt wird.

Die Vielzahl der existierenden religiösen Erklärungsmodelle lässt darauf schließen, dass der Kreis der „Welterklärer" nicht gerade klein ist. Ganz allgemein gesehen, könnte jeder Mensch, der über die Welt, die Gesellschaft oder auch nur über einzelne Kernfragen des Lebens nachgedacht hat bzw. nachdenkt und seine Gedanken anderen Menschen mitteilt, als „Welterklärer" bezeichnet werden. Dabei muss es sich nicht immer um vollständige Erklärungsmodelle handeln; auch die nachhaltigsten Welterklärer haben sich auf bestimmte Teilbereiche der Welterklärung konzentriert:

Während die Erzähler des ersten Schöpfungsberichts der Genesis noch versucht haben, eine ganzheitliche Erklärung zur Entstehung der Welt und des Lebens vorzulegen, haben sich die Erzähler des zweiten Schöpfungsberichts in erster Linie mit der Entstehung der Sündhaftigkeit des Menschen beschäftigt.

Moses versuchte, diese Sündhaftigkeit mit göttlichen Gesetzen zu bekämpfen; Analysen und Erklärungen der übrigen Welt waren damit nicht verbunden.

Platon und Sokrates haben sich zwar mit der Entstehung und dem Aufbau der Welt beschäftigt, haben sich aber insbesondere auf die Seele des Menschen bzw. ihre Unsterblichkeit konzentriert und mit ihren „Erkenntnissen" die Geschichte der Philosophie und sogar das spätere Denken christlicher Theologen nachhaltig beeinflusst.

Jesus von Nazareth stellte die Möglichkeiten des Menschen in den Mittelpunkt seiner Betrachtungen, trotz seiner „ererbten" Sündhaftigkeit vom biblischen Gott „erlöst" zu werden. Eine umfassendere Betrachtung der Positionierung des Menschen als unbedeutender Bestandteil des Universums lag dagegen nicht in seinem Blickfeld.

Mohammed hat ebenfalls nicht versucht, eine aktualisierte Erklärung für die Entstehung der Welt und des Lebens zu erarbeiten; er hat sich auf eine ausführliche Schilderung der aus seiner Sicht geeigneten Verhaltensnormen des muslimischen Menschen gegenüber dem Schöpfergott und in der muslimischen Gesellschaft konzentriert.

Buddha suchte ebenfalls nach Erklärungen, konzentrierte sich aber vor Allem auf die Suche nach dem „richtigen" Weg für „die Überwindung des Lebens".

Schließlich können aber auch solche Menschen, die anstatt einer religiösen eine gesellschaftstragende Ideologie verkünden, als „Welterklärer" gelten. Die in islamistischen, faschistischen, kommunistischen oder sonstigen Diktaturen verkündeten Normen einer "idealen" Gesellschaftsordnung und ihre Auswirkungen auf die Freiheit, das Wohlergehen und das Leben der davon betroffenen Menschen haben die Welt dramatisch verändert und sind in vielen Ländern der Erde noch immer wirksam. Das größte Volk der Erde, das Volk der Chinesen, ist in einer Weiterentwicklung des Kommunismus zum „kommunistischen Kapitalismus" oder zum „kapitalistischen Kommunismus" begriffen, die durch ihr extrem schnelles Wirtschaftswachstum zwangsläufig zu Umweltbelastungen führen wird, die selbst diejenige westlicher Industrienationen in den Schatten stellen werden.

Die Erklärungsmodelle werden gern in junge Gehirne gepflanzt

Wenn man den Vorgang des Erlernens der Muttersprache näher betrachtet, kann man erkennen, welche enormen Speichermöglichkeiten das menschliche Gehirn hat und wie diese Speicher gefüllt werden: Durch ständiges Wiederholen der einzelnen Wörter einer Sprache und der damit möglichen Kombinationen. Das Kind lernt seine Muttersprache spielerisch und ohne Vorbehalte gegenüber dieser Sprache; es kann noch nicht darüber reflektieren, ob diese Muttersprache besser oder weniger gut für die verbale Kommunikation mit anderen Menschen geeignet ist, als eine andere Sprache. Erst dann, wenn das Kind von seiner sprachlichen Bezugsperson oder von weiteren Bezugspersonen mit anderen Sprachen konfrontiert wird, erhält es die Möglichkeit des Vergleichs. Das Kind wird aber in der Regel bereit sein, mehrere Sprachmuster in sich aufzunehmen und gezielt anzuwenden. Dabei kann eine hochentwickelte Sprache immerhin weit mehr als 100 Tausend Wörter umfassen. Sprachbegabte und –interessierte Kinder können durchaus mehrere Sprachen vollständig erlernen; die Auswahl ist groß: Die Anzahl der auf der Erde existierenden Sprachen wird auf über 7000 geschätzt. In jeder dieser Sprachen können beliebig viele Phantasiegeschichten und Falschmeldungen formuliert und gespeichert werden.

Ähnlich verläuft es mit dem Einspeichern von Erklärungselementen der religiösen Welterklärer. Beispielsweise wird der von einer christlichen Mutter geborene Säugling in der Regel in einem christlichen Glauben getauft; dabei versprechen Eltern und Taufpaten, das Kind mit dem betreffenden Glauben vertraut zu machen und bei dessen Ausübung zu begleiten. Das Kind wird bereits im Kindergartenalter von weiteren Personen religiös betreut, wenn es sich in einem kirchlich orientierten Kindergarten befindet. Spätestens mit dem Eintritt in eine Grundschule nimmt das Kind an einem Religionsunterricht teil, der in der Regel zwei Schulstunden pro Woche umfasst. Diese gezielte Unterrichtung, deren Lernerfolg mit Hilfe einer Benotung gemessen wird, dauert bis zum Ende der schulischen Ausbildung – also unter Umständen über 12 bis 13 Jahre – an, falls die Eltern bzw. das Kind nicht von der Möglichkeit der Befreiung von diesem Unterricht Gebrauch machen. Hinzu kommen intensive Vorbereitungskurse auf die Kommunion und die Firmung bzw. auf die Konfirmation und – bei praktizierenden Christen – die regelmäßige wöchentliche Teilnahme an Gottesdiensten. Bei voller Ausschöpfung all dieser Unterrichts- und Lernmöglichkeiten kommen dabei „Lehrzeiten" zusammen, die – je nach Ausbildung des jungen Menschen – durchaus der Summe der Unterrichts- bzw. Vorlesungsstunden in berufsbegleitenden Schulen oder in Studiengängen entsprechen können. Besonders wirksam dürften dabei die durch kindergerechte „Gottbüchlein" und durch eindrucksvolle bildhafte oder plastische Darstellungen in Kirchen und Museen vermittelten Grundlagen für eine bereits in den kindlichen Gehirnen tief verankerte bildliche Vorstellung von den irrealen Begriffsbildungen des christlichen Glaubens sein: Gott, Schöpfung, Sündenfall, Sünde, Heiliger Geist, Gottes Sohn, Himmel, Hölle, Jenseits, ewige Verdammnis, Jüngstes Gericht, unsterbliche Seele usw.. Eine kritische Auseinandersetzung der jungen Menschen mit der Bedeutung oder gar der Herkunft dieser Begriffe wird von den jeweiligen Religionslehren nicht wirklich gefördert. Allein das kritische Hinterfragen der Begriffe durch ein Kind oder einen jungen Menschen wird von den Religionslehrern oft als Anmaßung oder gar als „Gotteslästerung" empfunden und nicht selten hart bestraft. Diese Art der möglichst frühen Besetzung der jungen Gehirnzellen mit unbewiesenen bzw. nicht beweisbaren Vorstellungen wird möglicherweise als „gut gemeint" durchgeführt; sie hindert aber den jungen Menschen an der selbständigen Analyse der ihm „mit der Muttermilch" verabreichten Erklärungselemente. Viele Menschen werden von diesen ersten „Richtlinien" für ihr Denken ein Leben lang begleitet und lassen es – mehr oder weniger unbewusst - nicht zu, dass diese ersten „Belegungen" ihrer Gehirnzellen je in Frage gestellt werden.

Allein die Tatsache, dass die meisten Menschen, die in eine bestimmte religiöse Umgebung „hineingeboren" werden, „ihre" Religion für die einzig Richtige halten und ihr lebenslang treu bleiben, zeigt die Wirksamkeit der weltweit praktizierten frühestmöglichen Verankerung religiöser und sonstiger Erklärungselemente in den Gehirnen der nachfolgenden Generation. Ein Nachweis für die Richtigkeit der tradierten Erklärungselemente ergibt sich daraus aber nicht, da die „ständige Wiederholung einer Behauptung" von keiner Geistesdisziplin als überzeugende Beweisführung anerkannt werden kann.

Natürlich gibt es auch die Möglichkeit, einen selbständig denkenden Menschen im Wege der Mission oder Bekehrung von einem bestimmten Erklärungsmodell zu überzeugen. Dies hatte in der Vergangenheit sicher eine größere Bedeutung für die Ausbreitung von Erklärungsmodellen als heute und auch in diesem Bereich erfolgte die Bekehrung nicht immer unter Respektierung des freien Willens der „Bekehrten". Berühmte Beispiele sind die auch der Ausbreitung des katholischen Glaubens dienenden Feldzüge Karls des Großen oder die Religionsordnung nach der Reformation („cuius regio eius religio") und die christliche Zwangsmissionierung der Ureinwohner in Mittel- und Südamerika. Auch die jüngeren Missionstätigkeiten von Christen und Moslems in Afrika dürften nicht immer den freien Entscheidungswillen der Betroffenen berücksichtigt haben.

Schließlich wird insbesondere der Abkehr eines Menschen von seinem „angeborenen" bzw. „anerzogenen" Erklärungsmodell z.B. zu einem phantasiefreien Erklärungsmodell ein spürbarer gesellschaftlicher Druck entgegen gestellt, dem die Betroffenen oft nur durch willenloses „Mitlaufen" oder durch das Verheimlichen ihrer Neuorientierung begegnen. Dieser gesellschaftliche Druck zum „Verweilen" beim angestammten Erklärungsmodell scheint in den „aufgeklärten" Kulturen der christlich orientierten Welt im Abflauen begriffen zu sein, während die muslimischen und die fernöstlichen Denkweisen eher auf eine nicht rational begründbare Renaissance hoffen dürfen.

In einer Zwischenbilanz zu den faschistischen und den sozialistischen Gesellschaftsordnungen kann festgestellt werden, dass in diesen Bereichen – anders als bei der Weitergabe religiöser Erklärungsmodelle – die intensive Einpflanzung ideologischer Denkmodelle in die Gehirne junger Menschen zumindest in Deutschland nicht zu nachhaltigen Erfolgen geführt hat; weder die ursprünglich begeistert aufgenommene Bewegung der „Hitlerjugend" noch die in der „DDR" stark geförderten

„Jungen Pioniere" konnten eine dauerhafte Hinwendung zu den angestrebten Denkmodellen bewirken, da die jeweiligen Gesellschaftsmodelle aus unterschiedlichen Gründen gescheitert sind bzw. scheitern mussten. Trotzdem hatten nach dem „Dritten Reich" noch Jahrzehnte lang die damals in die jungen Gehirne eingepflanzten Ideen ihre Nachwirkungen; insbesondere in den „Neuen Bundesländern" werden Reste dieser Ideen mit den ebenfalls noch lange nicht vollständig verarbeiteten „SED-Ideen" zu einem antidemokratischen Gedankengut vermischt, das uns noch beschäftigen wird. Die in China heute vielleicht etwas behutsamer durchgeführte Jugenderziehung könnte besonders nachhaltig wirksam sein, da sie inzwischen wieder stärker an die in mehr als zweitausend Jahren gewachsene Gedankenwelt des Konfuzianismus anknüpft und dabei auf eine tiefe Vertrautheit der Bevölkerung mit der Unfreiheit und der kollektiven Duldsamkeit trifft und weil ein Scheitern des bestehenden Ein-Parteien-Systems bis auf weiteres nicht in Sicht ist.

Die zweite Schöpfungsgeschichte - eine gezielte Falschmeldung?

Für die im Einflussbereich einer „abrahamitischen" Religion (Judentum, Christentum, Islam) aufgewachsenen Menschen sind die Texte der Genesis mehr oder weniger „heilig" und strahlen aufgrund ihrer mehrere tausend Jahre zurückliegenden Entstehung eine besondere Erhabenheit und eine große Vertrauenswürdigkeit aus; Zweifel am Wahrheitsgehalt der Genesis sind grundsätzlich nicht erlaubt. Für einen Menschen, dem es gelungen ist, sich nach der bereits im frühesten Kindesalter begonnenen religiösen Bevormundung aus dem Zwang zu befreien, all die biblischen Geschichten als felsenfeste Wahrheiten in sein Leben zu integrieren, kann aber eine kritische Analyse der beiden Schöpfungsgeschichten ohne weiteres dazu führen, nachhaltige Zweifel an der Glaubwürdigkeit der Genesis und damit aller biblischen Erzählungen zu entwickeln. Nicht zuletzt deswegen hat die römisch-katholische Kirche für viele Jahrhunderte ihre Gläubigen an einer analytischen Auseinandersetzung mit der „Heiligen Schrift" gehindert, indem sie diese Lektüre einfach verboten hat. Erst mit Luthers Übersetzungsarbeiten wurde in Deutschland vielen Gläubigen die Möglichkeit eröffnet, biblische Texte zu lesen. Allerdings hat Luther damit in erster Linie dem deutschsprachigen und des Lesens kundigen Menschen ermöglicht, die von ihm bisweilen zielorientiert übersetzten bzw. interpretierten Texte in deutscher Sprache zu lesen; die wissenschaftlich fundierte Analyse durch Andersdenkende dürfte dabei eher nicht sein oberstes Ziel gewesen sein.

Die christlichen Kirchen haben sich Jahrhunderte lang erfolgreich gegen die Anerkennung der sich ständig verbessernden Erkenntnisse der Naturwissenschaften gewehrt. Dabei wurde von allen Möglichkeiten der Disziplinierung von Philosophen und Wissenschaftlern – bis hin zum Scheiterhaufen – Gebrauch gemacht. Inzwischen scheinen sich die christlichen Kirchen auf die Linie zurückgezogen zu haben, dass der Glaube an ihr Erklärungsmodell schon allein deswegen gerechtfertigt ist, weil die Naturwissenschaften eben auch nicht alles erklären können. Im Übrigen seien die biblischen Geschichten ja nicht als exakte Schilderungen objektiv messbarer Tatbestände zu verstehen, sie dienten vielmehr „lediglich" der Veranschaulichung der von den „zuständigen" Institutionen dogmatisch begründeten christlichen Wahrheiten, an die der Christ eben einfach zu glauben hat, weil keine andere Erklärung umfassend genug ist. Die kirchlichen Welterklärer haben sogar einen neuen Weg gefunden: Obwohl sie eigentlich wissen müssten, dass ein aus den heute als gesichert geltenden naturwissenschaftlichen Erkenntnissen zur Entstehung des Universums und des Lebens auf unserer Erde entwickeltes Erklärungsmodell mit den Grundlagen des christlichen Glaubens grundsätzlich nicht vereinbar sein kann, geben sie vor, die entsprechenden fundamentalen Theorien zu akzeptieren und glauben wahrscheinlich, damit einer inzwischen kaum noch Erfolg versprechenden direkten Auseinandersetzung mit den Naturwissenschaften ohne wesentliche Korrektur ihres Erklärungsmodells aus dem Weg gehen zu können.

Viele der christlichen Welterklärer bestätigen (ungern), dass die Genesis zumindest „Unausgeglichenheiten" und „scheinbare Widersprüche" enthält. Was aber, wenn man nicht nur „scheinbare" sondern ganz handfeste Widersprüche und vorsätzlich oder fahrlässig vorgenommene Falschaussagen feststellen könnte? Dann würde auch die Tatsache nicht entlastend wirken, dass die damals zur Verfügung stehenden Erklärungsmuster überwiegend von dem zu dieser Zeit vorherrschenden „babylonischen Weltbild" geprägt wurden, welches die Erde als flache Scheibe sah, die von einem festen „Firmament" in Form einer (gläsernen) Halbkugel überwölbt wurde. Die Himmelskörper waren „Lichter", die „fest mit dem Firmament" verbunden waren. Die Landmassen der Erde wurden von einem Ozean umgeben. Außerhalb der Himmelskuppel war ebenfalls Wasser, wobei vom oberen Wasser durch Öffnungen im Firmament der Regen herabströmte.

Wenn man jedoch den Aussagegehalt der Genesis-Erzählungen aus der Sicht des 21. Jahrhunderts beurteilen möchte, kommt man nicht daran vorbei, die heute als gesichert geltenden Fakten zu berücksichtigen, welche für die Herkunft und den Zustand unseres Universums verantwortlich sind.

Im Übrigen wären die auf der Grundlage der damaligen Vorstellungen von der zentralen Bedeutung der Erde und des Menschen formulierten Erzählungen der Genesis ebenso wie die vielen anderen Mythen der Menschheitsgeschichte als naive Erklärungsmodelle hinnehmbar, wenn die Genesis nur als ein zeitgemäßer Erklärungsversuch für die Entstehung des Universums und des Lebens gesehen werden könnte. Insbesondere von den christlichen Religionen wird sie aber als normatives Modell interpretiert, aus dem sich „zwingend" gravierende Folgerungen für die Antworten auf die Sündhaftigkeit des Menschen und insbesondere für das Verhältnis zwischen Mann und Frau ergeben haben. Einen heute nach einem rational begründbaren Erklärungsmodell suchenden Menschen wird man deshalb nicht mit zaghaften Hinweisen auf „Unausgeglichenheiten" oder „scheinbaren Widersprüchen" von einer vertieften Analyse der Schilderungen der beiden Schöpfungsgeschichten abhalten können. Er wird vielmehr beginnen, selbst zu lesen und wird bei kritischer Herangehensweise überrascht sein, dass die vermutlich in einem Zeitabstand von mehreren hundert Jahren voneinander wirkenden Erzähler der beiden unterschiedlichen Schöpfungsberichte ungehemmt Fakten behaupten, für die es weder damals noch heute belastbare Beweise oder glaubwürdige Indizien gab bzw. gibt und für die es insbesondere keine bestätigende Dokumentation oder gar Augenzeugen geben kann.

„Im Anfang schuf Gott Himmel und Erde."

Mit diesem kurzen Satz behaupten die Erzähler der ersten Version der Schöpfungsgeschichte ohne nähere Begründung oder gar Beweise, dass es einen „Anfang" und einen „Gott" gab und berichten über einen Schöpfungsvorgang, den kein Mensch beobachtet haben kann, da es „im Anfang" zwangsläufig noch keine Menschen gab. Das einzige Wesen, das diese Vorgänge glaubwürdig beschreiben könnte, wäre – wenn es tatsächlich einen Anfang gegeben haben sollte - der Schöpfergott selbst, da er ja nach Meinung der Erzähler bereits vor „dem Anfang" - also im Nichts - existiert haben muss. War dieser Schöpfergott selbst Teil des „Nichts", dann müsste er selbst ein „Nichts" gewesen sein oder war er nicht Teil des „Nichts", dann war das „Nichts" gar kein richtiges „Nichts" und: Woher kam er bzw. wo hielt er sich vor „dem Anfang" auf? Der völlige Verzicht auf Erklärungen hierzu dürfte in erster Linie darauf zurückzuführen sein, dass die ersten Erzähler der Genesis in enger Vorstellung von der Existenz von

Göttern aufgewachsen und innerlich sehr eng mit ihnen vertraut waren; bei den in geographischer Nähe der Erzähler lebenden Sumerern, Ägyptern und Griechen z.B. wimmelte es zu dieser Zeit nur so von Göttern. Meist gab es einen „Hauptgott", dem sich die anderen „Götter" unterordnen mussten; außerdem gab es einen (oder mehrere) weibliche Partner des Hauptgottes; nicht selten gab es wohl auch lautstarke Kämpfe zwischen den nachgeordneten Göttern und dem jeweiligen Hauptgott, die sehr an die Zwistigkeiten zwischen (sterblichen) Menschen erinnern. Die Existenz eines Schöpfergottes musste deshalb aus der Sicht der Erzähler nicht gesondert begründet oder gar bewiesen werden. Neu war lediglich, dass auf die nachgeordneten Götter und auf Partnerinnen des Hauptgottes verzichtet wurde, woraus sich die Grundlage für die monotheistischen „abrahamitischen" Religionen ergab. In anderen Religionen – z.B. im Hinduismus – hat sich dagegen die Vorstellung von der Existenz vieler Götter mit unterschiedlichen Aufgaben bis heute erhalten.

Mit dem Wort „schuf" wird behauptet und gleichzeitig verbindlich festgelegt, dass es einen Schöpfungsvorgang gab; die aus heutiger Sicht weitaus wahrscheinlichere Variante der „Entstehung" des Universums ohne personifizierbaren Fremdeinfluss wird damit von vornherein ausgeschlossen bzw. nicht in Betracht gezogen.

Die weiteren Ausführungen des ersten Schöpfungsberichts schildern die Entstehung der „Welt" jedenfalls
in enger Anlehnung an das „Babylonische Weltbild", das
in nahezu keinem Detail mit der heute bekannten
Entstehungsgeschichte des Universums übereinstimmt;
es beschreibt aus der menschlichen „Froschperspektive"
ein naives Bild der aus damaliger Sicht im „Zentrum der
Welt" stehenden Erde, die - bei objektiver Betrachtung
- für das Universum völlig unbedeutend ist.

*„Gott schuf also den Menschen als sein Abbild, als
Abbild Gottes schuf er ihn."*

Der von den Erzählern der Genesis erdachte (oder aus
Überlieferungen übernommene ?) Gott sieht demnach
aus wie ein Mensch; ein Wesen in Menschengestalt
(vielleicht größer als ein Mensch?) hat also die damals
bekannte Welt „erschaffen"! Wie soll das geschehen
sein? Die vorher von Menschen erdachten Götter des
Altertums hatten ebenfalls überwiegend
Menschengestalt, das konnten sich die damaligen
Menschen wohl einfach besser vorstellen bzw. das kam
auch dem selbstverliebten Ego der damaligen Menschen
entgegen. Und: Wo hat sich dieser einsame,
menschenähnliche Gott aufgehalten, bevor er die Welt
erschuf? Im Nichts? Wie ist er selbst „entstanden" oder
„erschaffen" worden? Von welcher „Plattform" aus
konnte er das Universum aus dem Nichts erschaffen?

Hat er die Welt „um sich herum" oder „aus sich heraus" erschaffen?

„Als Mann und Frau schuf er sie."

Am Ende der ersten Schöpfungsgeschichte „schuf" der Schöpfergott also Mann und Frau gleichzeitig. Aber wie kann man nun die Sache mit dem „Abbild" verstehen? Sieht der Schöpfergott nun aus wie ein Mann oder eine Frau? Trotz dieser Unsicherheit klingt der Satz noch nach einer gleichberechtigten, gegenseitigen Ergänzung der Geschlechter. Eigentlich wäre mit dieser Erzählung ein vor dem Hintergrund des damals herrschenden Weltbildes einigermaßen plausibler Abschluss der Schöpfungsgeschichte gegeben, mit dem zumindest der Schöpfergott nach dem Text des Berichts recht zufrieden war. Nicht damit zufrieden waren offenbar diejenigen Erzähler, die den sechsten „Schöpfungstag" nach mehr als fünfhundert Jahren noch einmal neu aufrollten, um – vermutlich unter Einarbeitung anderer Mythen - der Geschichte von der Erschaffung der Menschen eine völlig neue Fassung zu geben und dabei die ursprünglich bestehende Harmonie zwischen dem Schöpfergott und den ersten Menschen und zwischen Mann und Frau empfindlich zu stören. Während der erste Schöpfungsbericht eine – zwar aus heutiger Sicht völlig unzutreffende - Antwort auf die Frage „Woher kommen wir?" geben wollte, haben sich die Erzähler des zweiten Berichts offensichtlich in erster Linie auf die Frage „Wie kam die Sünde in den Menschen?" konzentriert. Die - nach den Quellenberichten und der „gefühlten" Wahrheit – männlichen Erzähler der damals entstandenen „Priesterschrift" waren offenbar etwas traumatisiert von der verführerischen Wirkung von Frauen und von ihrer eigenen Ohnmacht gegenüber dieser von der Natur gewollten erotischen Anziehungskraft; sie erfanden deshalb eine – bereitwillig von vielen Männern und sogar von einigen Frauen nachvollziehbare - Geschichte zur Erklärung der Fähigkeit bzw. Bereitschaft des Menschen zur Sünde, die von nachfolgenden männlichen Theologen hervorragend zur Abwälzung der Schuld für die Sündhaftigkeit des Menschen auf die Frau herangezogen werden konnte.

Im Zuge dieser Neufassung des Schöpfungsablaufs des „sechsten Tages" wurde die neue Version des Geschehens in einen fiktiven „Garten Eden" verlagert, in dem der erste Mensch (als Neutrum und gemeinsam mit dem menschenähnlichen Gott, der offenbar selbst ein Neutrum war?) lebte. Von dem nach der ersten Version des Schöpfungsberichts am damaligen sechsten Schöpfungstag bereits erschaffenen ersten weiblichen Menschen war nun überraschenderweise gar nicht mehr die Rede.

„Dann gebot Gott … dem Menschen: Von allen Bäumen des Gartens darfst du essen, nur vom Baum der Erkenntnis von Gut und Böse darfst du nicht essen; denn sobald du davon isst, wirst du sterben."

Der biblische Gott war doch nach Aussage der ersten Erzähler noch sehr zufrieden mit seiner Erschaffung des ersten Menschenpaares. Wozu also dieser Test bzw. diese heimtückische Falle? Aus der Formulierung ergibt sich, dass der erste Mensch noch nicht zwischen Gut und Böse unterscheiden konnte; er war also vor dem Genuss einer Frucht von dem Baum der Erkenntnis gar nicht in der Lage, sich einer Sünde bewusst zu sein! Und wieder eine extrem ungesicherte Behauptung: Der erste Mensch war vor dem Genuss der verbotenen Frucht unsterblich! Oder – wenn es anders gemeint war – warum ist der erste Mensch nicht nach dem Genuss der Frucht gestorben? War er etwa doch gottähnlich?

„Gott … baute aus der Rippe, die er vom Menschen genommen hatte, eine Frau und führte sie dem Menschen zu."

Es fragt sich hier, ob es denn wirklich erforderlich war bzw. nachvollzogen werden kann, dass der mächtige Schöpfer des Universums und des ersten Menschen nun noch eine vergleichsweise komplizierte chirurgische Entnahme mit anschließendem Gewebeaufbau vornehmen musste, um das bereits vorher auf einfachem und offenbar sehr zufriedenstellendem Wege gewonnene Ergebnis auf eine wesentlich umständlichere Weise erneut zu erzielen. Nach dieser Erzählung wurde offenbar aus einem menschlichen Neutrum ein weiblicher „Ableger" entnommen und es wurde bei dieser Gelegenheit der erste Mensch zum männlichen Menschen „weiterentwickelt" (heutige Begriffe wie „klonen" oder „Geschlechtsumwandlung" können da wohl auch keine Erklärung liefern). Diese besondere Art der Geschlechterbildung war aber nach der Schöpfungsgeschichte bei den Tieren nicht erforderlich, sie war wohl nachträglich speziell für den Menschen entwickelt worden? Sollte damit bereits die später wesentlich klarer angesprochene nachrangige Stellung der Frau gegenüber dem Mann „behutsam" vorbereitet werden? Die so beschriebene Art der Geschlechterbildung widerspricht nicht nur der bei anderen Lebewesen beobachtbaren Systematik, sondern insbesondere dem heutigen Stand der Genforschung, auf die später noch einzugehen sein wird.

„Die Schlange ... sagte zu der Frau"

Die Schlange (übrigens ein bereits am fünften

„Schöpfungstag" zur vollen Zufriedenheit des Schöpfergottes „erschaffenes" Tier) wird hier - wie in späteren Tierfabeln - mit der Fähigkeit ausgestattet, wie ein Mensch zu sprechen. Das kann nur als dichterischer Ausflug in eine unglaubwürdige Märchenwelt interpretiert werden. Die Sprache als Verständigungsmittel ist unter allen Lebewesen allein dem Menschen vorbehalten, auch wenn wir heute genau wissen, dass es zwischen anderen Lebewesen den Austausch von Signalen und Informationen anderer Art gibt.

„Sie (Eva) nahm von seinen Früchten und aß; sie gab auch ihrem Mann der bei ihr war, und auch er aß. Da gingen beiden die Augen auf und sie erkannten, dass sie nackt waren."

Vor dem Verzehr der Frucht kannten Adam und Eva noch nicht den Unterschied zwischen Gut und Böse und konnten damit eigentlich auch kein Unrechtsbewusstsein gegenüber den Geboten ihres Schöpfers entwickeln; nach dem Verzehr der Frucht erkannten sie, dass sie nackt waren. Ist also nackt sein etwas Böses? Kommt von hierher die extreme Verklemmtheit der von den abrahamitischen Religionen erfassten Menschen? Und: Ist nicht der von den Erzählern dieser Version der Schöpfungsgeschichte trickreich inszenierte bzw. provozierte „Sündenfall" eine willkommene Gelegenheit dafür, den Menschen mit einer Schuld zu beladen, aus der er nicht aus eigener Kraft entkommen kann, um ihn so für immer beherrschbar zu machen? Es fragt sich nämlich, wer denn in dieser Geschichte der Schuldige für das „Zerwürfnis" zwischen Schöpfer und Geschöpf war. Die Fähigkeit und Bereitschaft zur Sünde wurde in dem Geschöpf doch offenbar durch seinen Schöpfer angelegt; die befangenen Erzähler vertauschen aber Ursache und Wirkung, um wider jedes gesunde Rechtsverständnis das Geschöpf und nicht den Schöpfer mit Schuld zu beladen. Dabei wäre es doch für den allmächtigen Schöpfer ohne Weiteres möglich gewesen, den von seinem Geschöpf nicht bestandenen Eignungstest auf Anfälligkeit gegenüber sündhaften Versuchungen nicht dazu zu nutzen, das erste Menschenpaar und all seine Nachkommen einseitig schuldig zu sprechen, sondern vielmehr mit einem weiteren, für den Schöpfergott sicher denkbar einfachen, chirurgischen Eingriff die offensichtlich von ihm selbst mitgegebene Fähigkeit und die Bereitschaft zur Sündhaftigkeit wieder zu entfernen. Ist denn nicht eigentlich der Schöpfer der Verursacher für diesen „Konstruktionsfehler"?

Und noch ein weiteres Detail kann zum Nachdenken anregen: Adam und Eva waren offenbar ursprünglich nackt; dann muss auch der Schöpfergott nackt gewesen sein, da er ja das Abbild der Menschen war, oder umgekehrt?

„Du hast Verlangen nach deinem Mann, er aber wird über dich herrschen."

Hier kommen die – zweifelsfrei männlichen - Erzähler unumwunden zu dem zweiten Ziel, das sie offenbar mit der in sich völlig widersprüchlichen „Überarbeitung" des Berichts vom sechsten „Schöpfungstag" erreichen wollten: Die ohne nachvollziehbare Begründung postulierte Festschreibung der nachrangigen Stellung der Frau gegenüber dem Mann. Damit wollten sie wohl die weiblichen Menschen ein für allemal in ihre Schranken weisen?

Im Übrigen finden sich in der Genesis noch weitere Behauptungen, die sich auch ohne vertiefte Analyse als Ungereimtheiten bzw. Falschmeldungen entlarven lassen:

Der biblische Gott hat den zweiten Sohn (Abel) der ersten Menschen gegenüber dem ersten Sohn (Kain) bevorzugt, weil ihm die Art seiner Opfer besser gefiel; Kain erschlug Abel aus Eifersucht und wurde vom biblischen Gott aus einem nicht nachvollziehbaren Rechtsverständnis heraus vor der Rache durch „andere Menschen" geschützt; nach der geschilderten Systematik gab es aber außer seinen Eltern keine anderen Menschen; Gott musste Kain also vor seinen Eltern beschützen?

Es kommt noch unglaubwürdiger: Der des Brudermordes schuldige erste Sohn der Menschen (Kain) ging „in das Land Nod" und zeugte mit einer Frau, die es nach der geschilderten Situation noch nicht gegeben haben kann, einen Sohn (Henoch).

Wer sich noch mehr wundern will, der kann weitere Passagen des Alten Testaments auf sich wirken lassen:

Zur Zeit Noahs waren fast alle Menschen gegenüber dem biblischen Gott so ungehorsam, dass dieser beschloss, sie und die gesamte Tierwelt (bis auf Noahs Familie und von den Tieren jeweils ein Paar) zu vernichten („Sintflut"). Warum mussten auch fast alle Tiere sterben, obwohl sie nicht von den Früchten des Baumes der Erkenntnis gegessen hatten und offensichtlich (oder sogar deswegen?) nicht zwischen Gut und Böse unterscheiden konnten? Für einen tatsächlich allmächtigen Schöpfergott wäre es sicher kein Problem gewesen, ganz gezielt die aus seiner Sicht ungehorsamen Menschen auszurotten, er hat sie ja - laut Genesis - auch unabhängig von den Tieren „erschaffen". Dies wäre zumindest organisatorisch einfacher gewesen, als eine große Anzahl (mehrere Millionen?) Tierpaare davor zu bewahren, dass sie auf der Arche von ihren natürlichen Feinden gefressen werden.

Moses kann das vom biblischen Gott „auserwählte Volk" trotz intensivster Bemühungen nicht zu einem gottesfürchtigen Verhalten bringen und holt sich deshalb vom biblischen Gott – natürlich ohne Zeugen – die zufälligerweise in seiner Sprache auf Tontafeln geschriebenen zehn Gebote persönlich ab, die einleitend den mehrfachen Hinweis auf ihren göttlichen Ursprung enthalten, offensichtlich um die Menschen von der göttlichen Legitimation der Gebote zu überzeugen und sie mit Hilfe dieser Hinweise im Sinne Moses zu disziplinieren.

Noch bevor man die eher unbestechliche Logik der heutigen Naturwissenschaften zum Einsatz bringen muss, wird folgendes klar: Die vor dem Hintergrund des aus heutiger Sicht völlig unzutreffenden „Babylonischen Weltbilds" erzählten Schöpfungsberichte enthalten Behauptungen, die sich ausschließlich aus der phantasiereichen Vorstellungskraft der Erzähler oder ihrer Vorgänger ergeben haben können, die aber wegen der offensichtlich bewusst eingearbeiteten Falschdarstellungen und der nicht auflösbaren Widersprüche so unglaubwürdig sind, dass sie nicht zur Verurteilung der „ersten Menschen" für den angeblich begangenen „Sündenfall" herangezogen werden dürfen. Adam und Eva müssen also – zumindest aus Mangel an Beweisen - freigesprochen werden! Insbesondere sind für die spontan und einseitig postulierte Ungleichbehandlung der Geschlechter bis heute keine rational begründbaren Argumente zu erkennen, die über den Ansatz hinausgehen, dass „der Wunsch der Vater des Gedankens" war.

Die unzutreffenden Behauptungen der Genesis können mit Hilfe eines später noch durchzuführenden Faktenchecks auf der Grundlage der heute gesicherten Erkenntnisse der Naturwissenschaften eindeutig widerlegt werden. Die auch ohne diese rationale Untersuchung offensichtlich unzutreffende Darstellung des „Sündenfalls" ist dabei insbesondere theologisch von immenser Bedeutung, da hierauf mehr oder weniger alle christlichen Sündentheologien und der Mythos des „Erlösers" aufgebaut worden sind. Wenn aber der „Sündenfall" nicht stattgefunden hat, gibt es keine Rechtfertigung für die Existenz eines „Erlösers". Der Wanderprediger Jesus war damit nicht der „Christus" und „Gottessohn", zu dem er von Paulus und den deutlich später als Jesus lebenden Erzählern des Neuen Testaments verklärt wurde. Die Folgen dieser Erkenntnis sind – zumindest aus christlicher Sicht - dramatisch: Ohne den erlösenden Gottessohn ergibt sich - juristisch gesehen - „der Wegfall der Geschäftsgrundlage" für alle christlichen Religionen und Institutionen.

Im Übrigen ergibt sich aus den Gesetzmäßigkeiten der Logik, dass die durch logisch korrekte Schlüsse aus einer unzutreffenden Behauptung hergeleiteten Aussagen zwangsläufig alle falsch sind!

Für einen nicht im christlichen „Denk-Korsett" aufgewachsenen Menschen ist es jedenfalls praktisch unmöglich, die „logisch korrekten" Schlüsse nachzuvollziehen, mit denen die christlichen Theologen der Welt ihr Erklärungsmodell aus der zweiten Schöpfungsgeschichte abgeleitet haben. Obwohl der Gott der Genesis in keiner Weise rational fassbar ist, wird den christlichen Gläubigen berichtet, dass er seinen eigenen Sohn in Gestalt eines Menschen damit beauftragt hat, die durch den von böswilligen Erzählern erfundenen Sündenfall sündig gewordenen Menschen wieder mit dem Gott zu versöhnen, der diesen Sündenfall offenbar provoziert hat. Um diesen „Gottessohn" als Menschen zu gebären, musste nach den erstaunlicherweise auch für den Schöpfergott geltenden Naturgesetzen eine menschliche Frau den göttlichen Samen – also lebende Zellen - empfangen. Wegen der bereits in der zweiten Schöpfungsgeschichte deutlich werdenden „Sündhaftigkeit" sexueller Begegnungen wurde der hierfür eigentlich erforderliche Geschlechtsverkehr durch eine wie auch immer geartete geistliche Handlung ersetzt. Oder war es ein Fall „künstlicher" Befruchtung ohne Verletzung des Hymens? Schließlich gebar Maria ihren leiblichen Sohn Jesus und blieb zur Vermeidung einer damit offenbar verbundenen Sündhaftigkeit weiterhin eine Jungfrau, was selbst bei einer als wahr angenommenen jungfräulichen Empfängnis mit Sicherheit auszuschließen ist. Die römisch-katholische Kirche geht mit ihrem Dogma „Maria wurde ohne den Makel der Erbsünde empfangen" noch einen Schritt weiter und verwirrt damit bis heute selbst manchen Gläubigen, der aus dem im November liegenden Feiertag „Mariä Empfängnis" fälschlicherweise auf eine extrem kurze Schwangerschaft der Maria schließt. Tatsächlich ist dieser Tag aber dem unter Befreiung von der Erbsünde erfolgten Zeugungs- bzw. Empfängnisvorgangs zwischen den Eltern der Maria, Anna und Joachim gewidmet. Diese von der römisch-katholischen Kirche nachträglich als von der Erbsünde befreit erklärte Empfängnis kann als weiteres Zeichen dafür angesehen werden, dass die Kirche selbst dann die Vereinigung eines liebenden Ehepaares als sündhaft betrachtet, wenn diese in erster Linie die Empfängnis eines Kindes zum Ziel hat. Der solchermaßen absolut sündenfrei geborene angebliche Gottessohn musste später qualvoll sterben, obwohl er den Menschen eine der wertvollsten Botschaften zur Bildung eines erträglichen Gemeinwesens wieder ins Gedächtnis gerufen hat, die bereits in einem Gebot der Tora des Judentums (Leviticus 19,18) angesprochen wurde: Die „Nächstenliebe", die dadurch zu einem Zentralbegriff des Christentums wurde, der in der Antike neben den Grundwert „Gerechtigkeit" trat. Als „Sohn" des Schöpfergottes konnte Jesus aber nicht sterblich sein und musste deshalb wieder lebendig werden um schließlich „leiblich in den Himmel" aufgenommen zu werden, auch wenn kein Mensch weiß, wo dieser Himmel sein soll! Nach den Vorstellungen der eigens hierfür entwickelten christlichen Erlösungs- bzw.

Satisfaktionslehre war aber der Tod des Gottessohnes als Sühneopfer nötig, „um eine angemessene Wiedergutmachung für die Verletzung der Ehre des Schöpfergottes zu leisten, die durch den Sündenfall der ersten Menschen geschehen ist." Wie bereits erwähnt, bestehen erhebliche Zweifel daran, dass der Mensch für die heftigen Konstruktionsfehler des Schöpfergottes verantwortlich gemacht werden kann, die ihm bei der „Erschaffung" des Menschen offensichtlich unterlaufen sind. Der Schöpfergott sah das augenscheinlich selbst so und entschloss sich, zur „Wiedergutmachung" dieser Fehler, seinen „menschlichen Sohn" auf die Erde zu senden, um das von ihm selbst verursachte Zerwürfnis zu heilen.

Heiner Geissler kommt in seinem Buch „Kann man noch Christ sein, wenn man an Gott zweifeln muss" (Ullstein-Verlag / ISBN 978-3-550-05006-0) zu dem Ergebnis, dass es höchste Zeit für die christlichen Kirchen ist, sich von einem Dogma zu verabschieden, das den Menschen die Schuld am Leid der Welt zuschiebt. Aber er kommt bei allen Zweifeln am christlichen Gott zu dem Ergebnis, dass man dennoch Christ sein kann, wenn man der Botschaft Jesu von der Nächstenliebe folgt.

Wenn man die Entstehung der christlichen Kirchen und deren Machtentfaltung kritisch nachvollzieht, kann man jedoch den Eindruck gewinnen, dass der zweifellos bei vielen Laien vorhandene Wille, der Botschaft Jesu zu folgen, stark durch den nach außen sichtbaren Machtanspruch der christlichen Kirchen und insbesondere der römisch-katholischen Kirche überlagert wird. Das mag zum Teil auch daran liegen, dass die vollständig ausformulierte Botschaft „Liebe deinen nächsten, wie dich selbst" ein Leitspruch ist, der eine unrealistische Vorstellung von dem entwirft, wozu der von Natur aus eher narzisstisch und egozentrisch veranlagte Mensch neigt.

Die historische Kirchenwirklichkeit wurde bzw. wird deshalb eher von Höhepunkten getragen, die recht wenig mit dem hehren Ansatz der Nächstenliebe zu tun haben:

Wenige Jahre nach dem Tod Jesu wurde Paulus von Tarsus auf die Geschichten vom Leben Jesu aufmerksam und erkannte – obwohl er Jesus nicht persönlich begegnet war – die kraftvolle Ausstrahlung der bereits zu diesem Zeitpunkt durch Legenden überlagerten Lebensgeschichte des Wanderpredigers Jesus. Die von den Christen als authentische Erzählungen zur Lebensgeschichte Jesu betrachteten Evangelien wurden nach heutiger Kenntnis erst ca. 35 bis 65 Jahre später von phantasiebegabten Erzählern aufgeschrieben, die Jesus schon wegen der damals relativ kurzen Lebenserwartung der Menschen eigentlich nicht persönlich erlebt haben können und die zur Verstärkung der Wirksamkeit ihrer Erzählungen diese nachweisbar stark mit den im kulturellen Umfeld Israels bereits bestehenden Legenden über Gottessöhne und „Heilande" angereichert haben. Paulus von Tarsus konnte die Evangelien nicht gelesen haben, da er schon vor ihrer Abfassung gestorben ist. Trotzdem scheinen für ihn die vorher bereits mündlich überlieferten Details ausgereicht zu haben, um die christliche Religion erfolgreich auf den Weg zu bringen.

Bereits seit 33 n.u.Z. hat sich das Papsttum mit Berufung auf einen unterschiedlich interpretierbaren Evangelien-Text als Zentrum der religiösen Macht mit großen Ambitionen auf einen maßgeblichen Einfluss auf die weltlichen Mächte etabliert und begründete dies mit einem unmittelbaren Auftrag durch den biblischen Schöpfergott.

Erste Ansätze der später religionstragenden Satisfaktionslehre bzw. der Sündentheologie hat der „Kirchenvater" Tertullian bereits am Ende des zweiten Jahrhunderts formuliert.

Der römische Kaiser Konstantin erklärte im Jahre 313 das Christentum zu einer im römischen Reich „erlaubten" Religion und vermied damit Auseinandersetzungen mit der wachsenden Macht der Päpste und der Christengemeinde. Er dürfte außerdem erkannt haben, dass die christlichen Legenden und die sich darauf aufbauende Religion eine größere Überzeugungskraft entfalten konnten als die damals bereits etwas in die Jahre gekommenen griechisch-römischen Mythen.

Im 6. bis 10. Jahrhundert unterstützte die inzwischen recht mächtig gewordene katholische Kirche die zum Teil außerordentlich grausame Unterwerfung „heidnischer" Völker durch europäische Potentaten, indem sie den ebenfalls am Machtgewinn interessierten Herrschern geeignete Vergünstigungen für ihre unsterblichen Seelen in Aussicht stellte.

Im 11. bis 13. Jahrhundert rief die katholische Kirche europäische Herrscher und Kinder zu Kreuzzügen ins „gelobte Land" auf, um die „heiligen Stätten" von den „Ungläubigen" zu befreien. Der Lohn für den dabei in großem Umfang erzwungenen Opfertod vieler Christen bestand wieder in entsprechenden Vergünstigungen im „Jenseits".

In diesem Teil des Mittelalters rangen der Papst und der deutsche Kaiser um die weltliche Vormachtstellung in Europa; der „Investiturstreit" gipfelte im Jahre 1077 im „Gang des Kaisers nach Canossa" und mit einem erheblichen Gewinn an weltlicher Macht für das Papsttum.

Im 13. Jahrhundert bildete sich die Inquisition als ein juristisches Verfahren heraus, das hauptsächlich als Instrument der römisch-katholischen Kirche zur

Bekämpfung der „Häresie" (von der offiziellen Kirchenmeinung abweichende Lehre, Irrlehre, Ketzerei) diente. Die Inquisition wurde bis zu ihrem weitgehenden Verschwinden Ende des 18. Jahrhunderts zur erleichterten Aufspürung, Bekehrung oder Verurteilung von Häretikern und auch zur Verfolgung anderer Straftatbestände, wie der Blasphemie (Gotteslästerung, verletzende Äußerung über etwas Heiliges) oder der Magie (Zauberkunst) eingesetzt. Bei der „Hexenverfolgung" spielte die Inquisition eher eine untergeordnete Rolle. Um Geständnisse zu erzwingen, wurden bei Verhören unglaublich grausame Foltermethoden angewandt bzw. wurden die Beschuldigten mit verschiedenen Varianten zur Ausführung der Todesstrafe bedroht. Bei kirchlichen Inquisitionsverfahren führten in erster Linie Bischöfe oder Ordensgeistliche als Inquisitoren den Vorsitz. Bei Beginn der Neuzeit wurden selbst protestantische Christen durch die Inquisition verfolgt.

Im 15. Jahrhundert veranlasste das Papsttum den Ablasshandel zur Finanzierung des Petersdoms und anderer Vorhaben. Die Ablehnung des Ablasshandels durch Martin Luther führte zu Bildung der protestantischen Glaubensrichtungen und zur Polarisierung weltlicher Mächte in Europa, sie brachte aber keine Befreiung der Menschen aus der Umklammerung durch die Satisfaktionslehre bzw. die Sündentheologie.

Im 16. Jahrhundert unterstützte die römisch-katholische Kirche die gewaltsame Christianisierung der Bevölkerung in Süd- und Mittelamerika. Die römisch-katholische Kirche unterdrückte in dieser Zeit auch in Europa die geistige Freiheit in den nicht-theologischen Wissenschaften, insbesondere in den Naturwissenschaften (Verbrennung des Giordano Bruno im Jahre 1600, Verurteilung des Galileo Galilei im Jahre 1633). Mit dem erstmals 1559 erschienenen „Index Librorum Prohibitoum" („Verzeichnis der verbotenen Bücher") wurden für die katholischen Gläubigen diejenigen Bücher aufgelistet, deren Lektüre als schwere Sünde galt; bei einigen dieser Bücher war die Exkommunikation als kirchliche Strafe vorgesehen. Der „Index" bestand mit Nachträgen bis ins Jahr 1962 und enthielt zuletzt über 6000 Titel, die sich mit den Glaubens- und Sittenlehren der römisch-katholischen Kirche „nicht vereinbaren" ließen. Der Index wurde erst nach dem Zweiten Vatikanischen Konzil 1965 bzw. 1966 abgeschafft; er enthielt z.B. die „Kritik der reinen Vernunft" von Immanuel Kant und würde - wenn er noch bestünde - auch das vorliegende Buch enthalten, falls es je die Beachtung durch einen katholischen Glaubensanhänger gewinnen würde.

In der ersten Hälfte des 17. Jahrhunderts zerfleischten sich europäische Herrscher bzw. ihre Untertanen im Dreißigjährigen Krieg beim Versuch, ihrer jeweils für richtig gehaltenen Konfession (und ganz nebenbei sich selbst) zu einer Vormachtstellung zu verhelfen. Die Auseinandersetzungen wurden mit einer bis dahin kaum gekannten Brutalität geführt, die in keiner Weise mit christlichen Grundsätzen zu vereinbaren war. Die Bevölkerung in den betroffenen Gebieten des deutschen Reiches wurde um zwei Drittel dezimiert; der Krieg endete mit einer Art „Unentschieden", weil die kämpfenden Menschen die Kraft zum Weitermachen nicht mehr aufbringen konnten. Die Frage, wer in dieser Auseinandersetzung wofür und womit im Jenseits belohnt werden kann, wurde kaum noch thematisiert.

Im Jahr 1870 verkündete das erste Vatikanische Konzil das Dogma von der Unfehlbarkeit des Papstes in Glaubensfragen und definierte ihn damit als höchste, nicht mehr überprüfbare Instanz der römisch-katholischen Christenheit.

Im Jahre 1950 – also sozusagen am Vorabend des Eintritts der Menschen in das Weltall - verkündete Papst Pius XII die leibliche Aufnahme Mariens in den Himmel und ignorierte damit alle gesicherten Erkenntnisse der Naturwissenschaften seiner Zeit.

Diese Aufzählung kann selbstverständlich noch beliebig verfeinert werden. In jedem Fall bleibt es spannend, wie sich die christlichen Kirchen und insbesondere die römisch-katholische Kirche in der Zukunft orientieren werden, um glaubwürdiger zu machen, dass es ihnen nicht um die Macht über ihre Gläubigen, sondern in erster Linie um das Wohl der Menschen geht.

Insbesondere die derzeit intensiv diskutierten Missbrauchsskandale in den christlichen Kirchen sollten von ihren Wurzeln her aufgeklärt und entschärft werden. Vieles spricht dafür, dass die aus der christlichen Sündentheologie und damit aus den Falschmeldungen des zweiten Schöpfungsberichtes resultierende Verklemmtheit der christlichen Kirchenmenschen eine Fehlleitung der sexuellen Zielvorstellungen auf Schutzbefohlene gefördert hat. Schließlich müssen auch neuere Erkenntnisse zu dem bisher eher verdrängten Thema der homosexuellen Veranlagung einzelner Menschen stärker berücksichtigt werden, um die aus der Sicht eines heterosexuell veranlagten Menschen merkwürdigen Verhaltensweisen mancher Kirchenmenschen erklären und verstehen zu können. Ohne eine konsequente Abwendung der christlichen Kirchen von den offensichtlichen Falschmeldungen des zweiten Schöpfungsberichts wird es allerdings nicht gelingen, eine natürliche sexuelle Unbefangenheit der betroffenen Kirchenmenschen zurückzugewinnen oder erstmals zu erzielen. Der hilflose Hinweis der Kirchen auf Missbräuche in anderen Bereichen ist nicht geeignet, das Problem zu relativieren: Diese Missbräuche sind zwar ebenfalls in keiner Weise tolerierbar, der wesentliche Unterschied besteht jedoch darin, dass Kirchenmenschen mit einem höheren ethischen Anspruch und mit einem von der Kirche verliehenen überlegenen Status operieren können.

Das christliche Erklärungsmodell verwendet alte Phantasie-Bilder

Wenn einem ausreichend bibelfesten Christen die Frage gestellt werden würde „woher kommt der Mensch" und er bereit wäre, ohne Umschweife im Einklang mit den Berichten der Genesis zu antworten, müsste seine Antwort wie folgt lauten: „Der Mensch wurde von Gott erschaffen; für diesen Vorgang liegen uns zwei unterschiedliche Darstellungen vor; nach dem zeitlich zuerst entstandenen Bericht hat Gott als Abschluss der Erschaffung der Welt Mann und Frau gleichzeitig erschaffen. In einem zweiten – viele Jahre später entstandenen Bericht - hat Gott zunächst den Mann (Adam) erschaffen und ihm später eine Rippe entnommen, aus der er die Frau (Eva) erschaffen hat."

Eine systemgerechte Antwort auf die Frage nach dem Sinn des Lebens könnte sich wie folgt anhören: „Der fundamentale Sinn des menschlichen Lebens besteht in der Fortpflanzung, da Gott zu den ersten Menschen sagte: „Seid fruchtbar und mehret euch". Die von den ersten Menschen begangene Verletzung des göttlichen Gebots, nicht von den Früchten des Baumes der Erkenntnis zu essen, hat aber eine extreme Entfremdung zwischen Gott und den ersten Menschen verursacht. Durch diesen „Sündenfall" wurde der ursprüngliche Sinn des Lebens in eine enge Beziehung zur „Sünde" gestellt; damit wurde dieser ursprüngliche Sinn des Lebens ein für allemal mit dem Makel der Sündhaftigkeit belastet, welche die sexuelle Unbefangenheit des Menschen im Allgemeinen und die der Frau im Besonderen erheblich eingeschränkt hat. Schließlich wurde daraus - wohl wegen der aktiven Rolle der Eva im „Sündenfall" und weil der Schöpfergott dies ausdrücklich angesprochen hat - auch eine individuelle und damit gesellschaftliche Unterordnung der Frau unter den Mann abgeleitet. Der „Sündenfall" hatte die ursprüngliche Zufriedenheit des Schöpfergottes mit seiner Schöpfung „Mensch" stark relativiert; die Menschen wurden von ihm aus dem „Paradies" vertrieben, waren von nun an sterblich und mussten ihr Leben unter allen Mühen und Plagen ertragen. Der auch weiterhin grundsätzlich in der Fortpflanzung bestehende Sinn des Lebens wurde in dieser Phase der Religionswirklichkeit durch das Ringen um die Gnade Gottes ergänzt bzw. stark zurückgedrängt. Die nach dem Sündenfall von ihrem Schöpfergott nicht mehr wirklich geliebten Menschen konnten nur noch eine Hoffnung haben: Ihr Gott sendet ihnen eines Tages gnädig den „Erlöser" in Menschengestalt, der sie durch seinen eigenen „Opfertod" wieder mit ihrem Gott versöhnt.

Diese Hoffnung ist für uns Christen dadurch in Erfüllung gegangen, dass Jesus von Nazareth, ein jüdischer

Wanderprediger, der die damaligen Menschen in Israel mit seinem aus den alten jüdischen Schriften stammenden Appell „liebe deinen Nächsten wie dich selbst" und zur Abkehr von der Sündhaftigkeit aufgerufen hat, als Mensch geborene Sohn des biblischen Schöpfergottes erkannt wurde. Jesus wurde von den römischen Besatzern Israels für eine von ihm bewusst im Tempel der Juden begangene Auflehnung gegen die damals bestehende gesellschaftliche Ordnung ans Kreuz geschlagen und ist drei Tage nach seinem Tod aus der „Hölle" wieder auferstanden. Nach weiteren 40 Tagen ist Jesus leibhaftig in den "Himmel" aufgefahren; 10 Tage später hat der „Heilige Geist" die Weggefährten des Jesus (seine „Jünger") so „erleuchtet", dass sie in der Lage waren, seine Botschaft von der Liebe Gottes und der Erlösung der Menschen durch ihn in allen Sprachen der (damaligen) Welt verkünden zu können. Seit dieser Zeit besteht der wesentliche Teil des Sinnes des Lebens für Christen in der Nachfolge des „Gottessohnes" und dem Dank für die durch ihn erwirkte Befreiung von der aus dem Sündenfall resultierenden Schuld, der „Erbsünde".

Die Frage „wohin geht der Mensch nach seinem Tod" wird infolgedessen von den Christen in Abhängigkeit vom Umgang des einzelnen Menschen mit seiner durch seine Geburt „erworbene" Sündhaftigkeit im Laufe seines Lebens beantwortet. Nach dem Tod des

Menschen lebt seine „Seele" weiter und kann für all seine Verfehlungen zur Rechenschaft gezogen werden. Die Gnade des Schöpfergottes kann aber nicht „erworben" werden, der christliche Gott behält sich die angemessene „Belohnung" oder „Bestrafung" für das menschliche Verhalten uneingeschränkt vor. Er allein entscheidet darüber, ob eine Seele direkt in den „Himmel" kommt oder ob bzw. wie lange sie in der „Hölle" bzw. im „Fegefeuer" „geläutert" werden muss um schließlich doch noch in den „Himmel" kommen zu können oder ob sie zur   „ewigen Verdammnis" bestimmt wird.

Zum   „Jüngsten Gericht" werden alle Verstorbenen wieder auferstehen; Jesus als Richter trennt an diesem „Jüngsten Tag"   die   „Gerechten"   von   den „Ungerechten". Die „Gerechten" kommen in den „Himmel", also das „Reich Gottes", während die „Ungerechten" der ewigen Verdammnis in der „Hölle" zugeführt werden."

Das christliche Erklärungsmodell stellt dabei auf viele übernatürliche Begriffe ab, die zum überwiegenden Teil aus anderen Mythen oder Religionen stammen oder bereits von antiken griechischen Philosophen aufbereitet worden waren. Kennzeichnend für diese Begriffe ist, dass sie nicht mit Hilfe konkreter

Definitionen beschrieben wurden bzw. werden können. Dies führt dazu, dass einzeln geführte Gespräche mit christlich orientierten Menschen zu einer Vielzahl von Interpretationen führen, die sich teilweise gravierend voneinander unterscheiden. Auch ohne Gespräche mit lebenden Christen aus verschiedener Herkunft bzw. unterschiedlichem Bildungsgrad kann man die teilweise extrem voneinander abweichenden Interpretationen in den unterschiedlichsten Darstellungen durch viele bildende Künstler in den zweitausend Jahren nach dem Beginn unserer Zeitrechnung kennenlernen. Eine kurze Herkunftsanalyse führt zu folgenden Erkenntnissen:

Gott

Auf der Suche nach Erklärungen für die Entstehung und die Steuerung der Welt haben sich die Menschen bereits seit vielen Tausend Jahren mächtige Wesen in Menschengestalt (bisweilen auch in teilweiser Tiergestalt) vorgestellt, die für sie die Fähigkeiten zur Lösung dieser Aufgaben hatten. Zum Zeitpunkt der Niederschrift des ersten Schöpfungsberichts hatten sich – zumindest aus der Sicht der damit befassten Erzähler - die Vorstellungen von den Schöpfungs- und Steuerungsgewalten auf ein einziges Wesen verdichtet, welchem sie getreu den ihnen bekannten Überlieferungen eine Menschengestalt zuschrieben und welches sie in Anlehnung an die damals bestehenden Modelle zur Welterklärung als „Gott" bezeichneten.

Schöpfung

Bereits die vorjüdischen Welterklärer (z.B. sumerische, ägyptische oder babylonische) haben Schöpfungsmythen entwickelt, die eng mit ihren Gottheiten verbunden waren. Mit der Verdichtung der göttlichen Macht auf den monotheistischen Gott der Bibel wurde ihm konsequenterweise der gesamte Schöpfungsvorgang zugeschrieben.

Himmel

Der Himmel galt schon in vorbiblischer Zeit in vielen Völkern als Ort der Götter, von dem aus sie wirkten und in den sich die menschliche „Seele" unter bestimmten Voraussetzungen nach dem Tod bewegen konnte. Für Christen beschreiben die Begriffe „Himmel", „Himmelreich" und „Paradies" bildhaft die Art und Dimension des „Göttlichen" und den Zustand der „unmittelbaren Gottesnähe" aber auch den Aufenthaltsort für die aus Gott, Jesus und dem „Heiligen Geist" bestehenden „Dreifaltigkeit"; für römisch-katholische Christen ist nicht nur Jesus, sondern auch seine Mutter Maria „leiblich" in den Himmel aufgenommen worden. Die Vorstellung von einer göttlichen Dreiheit gibt es übrigens bereits in älteren Religionen, so etwa in der altägyptischen mit Osiris, Isis und Horus. Auch der Hinduismus kennt eine Dreieinigkeit, bestehend aus den Göttern Brahma, Vishnu und Shiva.

Hölle

Die „Hölle" war bereits in vielen vorchristlichen Religionen die vorherrschende Bezeichnung für die „Unterwelt" als Bereich des Todes, der Todesgottheiten und unterweltlicher „Dämonen", als Aufenthaltsort der Toten und auch als Vergeltungsort für die „Bösen"; die „Hölle" wurde in den meisten Vorstellungen von einem Totengott geleitet. Im christlichen Verständnis wurde die Hölle vom „Teufel" (auch „Satan" oder „Luzifer" genannt) beherrscht, der als abtrünniger Engel und Widersacher Gottes gesehen wurde. Schließlich wird in der „Hölle" auch der Aufenthaltsort für diejenigen Menschen bzw. „Seelen" gesehen, die der zeitlichen oder ewigen „Verdammnis" zugeführt wurden bzw. werden. Der Volksglaube hat insbesondere die drastischen Vorstellungen von einem unauslöschlichen Feuer („Fegefeuer") und von großen Qualen aufgenommen. Im „Jüngsten Gericht" wird endgültig entschieden, welche Seele zur „ewigen Verdammnis" in der „Hölle" verurteilt wird.

Sohn Gottes

In der antiken vorchristlichen Welt waren Menschen, die Götter wurden und umgekehrt, fester Bestandteil vieler Mythen. Fast alle heidnischen Mysterien kannten ähnliche Gottesgeschichten, Erlösertode und Auferstehungen, wie sie in der Bibel zu lesen sind. Nichts davon ist von den Christen erfunden wurden.

Alles war schon da und wurde bestenfalls neu gefasst. In der Zeit des Kaisers Augustus (63 v.u.Z. bis 14 n.u.Z.) wurde von fast allen Glaubensgemeinschaften das Kommen und Wirken ihrer Gottheiten prophezeit. Diese Praxis war so verbreitet, dass Augustus in Verärgerung über die herrschende Prophetenhysterie an einem Tag zweitausend Weissagungsbücher verbrennen ließ. Tiberius (42 v.u.Z. bis 37 n.u.Z.), der Kaiser, unter dem der Wanderprediger Jesus angeblich gekreuzigt wurde, galt selbst als „Sohn Gottes". Ihm folgten noch weitere 182 Gott-Kaiser.

Von den vielen Geschichten über Gottessöhne und „Heilande" sollen hier nur drei hervorgehoben werden, die besondere Ähnlichkeiten mit den Erzählungen über Jesus von Nazareth aufweisen:

Der Mithras-Kult hatte in vorchristlicher Zeit seinen Sitz in Tarsus, der späteren Heimatstadt von Paulus, des eigentlichen Gründers der christlichen Religionen. Mithras war in den Augen vieler Zeitgenossen der „Sohn Gottes", wurde am 25. Dezember in einer Grotte geboren, kam vom Himmel und wurde als Mensch geboren, um die Sünden der Menschheit auf sich zu nehmen wurde geopfert, um die Menschheit zu erlösen. Der heilige Tag des Mithras-Kults war der Sonntag. Mithras wurde begraben und ist von den Toten auferstanden und zum Himmel aufgefahren. Die Taufe erfolgte im Blut des Stiers, in späterer Zeit mit Wasser (wie von Tertullian berichtet). Mithras wurde "Lamm Gottes", der "Gute Hirte", „das Licht" und "die Wahrheit" genannt. Mithras war bekannt als "Retter". Das „Abendmahl" wurde im Mithras-Kult mit Wasser und Brot gefeiert oder mit Brot und Wein, als Symbol für „Fleisch und Blut" des „heiligen Stiers". Nach Erstarken des Christentums wurden die Anhänger des Mithras-Kults von den Christen verfolgt, die ihre Priester erschlugen und ihre Gotteshäuser zerstörten.

Dionysos, der Sohn des Gottes Zeus und einer irdischen Frau namens Semele, war ebenfalls das Ergebnis einer unbefleckten Empfängnis; er wurde nach der Geburt in einen Korb (nicht in eine Krippe) gebettet. Auch Dionysos verwandelte Wasser in Wein, starb am Kreuz und stand danach von den Toten wieder auf. In vielen griechischen Städten standen zu Ehren des Dionysos Heiligtümer und in Rom lebten einige tausend bekennende Dionysos-Anhänger.

Die „Herakles-Religion" war zu Zeiten Jesu in Syrien, Griechenland und in Rom bekannt. Alkmene, die Mutter des Herakles und sein Adoptivvater Amphitryon reisten zur Entbindung von Mykene nach Theben, so wie Josef und Maria von Nazareth nach Bethlehem. Die Geburt des Herakles war wie die Geburt Jesu prophezeit worden und zwar von keinem Geringeren als dem Göttervater Zeus! Und kaum war dieser Herakles geboren, wurde er von seinen Feinden gesucht und verfolgt.

Aber nicht nur Mithras, Dionysos und Herakles haben diese Ähnlichkeiten mit Jesus. Auch der ägyptische Horus und viele andere teilen die gleichen Charakteristiken, wie z.B. Geburt zur Wintersonnenwende, zwölf Jünger, Kreuzigung und Wiederauferstehung.

Diese und viele weitere Geschichten über leidende und nach dem Tod wieder auferstandene Gottessöhne wurden offensichtlich in den Evangelien zu einer neuen Legende verarbeitet, die schließlich aus dem Wanderprediger Jesus den unsterblichen Gottessohn der Christen gemacht hat.

Unsterbliche Seele

Bereits im alten Ägypten gab es umfangreiche Vorstellungen von einer den Menschen - insbesondere den höhergestellten Menschen – überlebenden Seele. Diese Seele war weder immateriell noch prinzipiell unzerstörbar. Vor der Entstehung des Körpers existierte sie nicht; eine Reinkarnation war nicht Gegenstand der Betrachtungen. Es gab ein Totengericht, das bei entsprechenden Verfehlungen des Toten über die Vernichtung seiner Seele entschied. Denjenigen Seelen, die vom Totengericht freigesprochen wurden, wurde ein erfreuliches Leben in einer angenehmen Welt in Aussicht gestellt.

Auch von den Sumerern wurden ein Totenreich und ein Totengericht überliefert. Andererseits war bei ihnen auch die Vorstellung verbreitet, dass sich die Toten an ihren Grabstätten aufhalten; weshalb den Verstorbenen dort Speisen und Getränke dargebracht wurden. Auch in Babylonien mussten die Ahnen täglich mit Nahrung versorgt werden.

Die antiken griechischen Vorstellungen entwickelten aus einer von ihnen als „Psyche" bezeichneten Seele, die sich im Tod vom Körper trennt und sich als schattenhaftes Abbild in die Unterwelt begibt, eine Trägerin moralischer Eigenschaften. In manchen Kreisen (z.B. der Orphiker und der Pythagoreer) wurde die Unsterblichkeit mit der „Seelenwanderung" verbunden und damit die Vorstellung einer natürlichen Bindung der „Seele" an einen bestimmten Körper aufgegeben. Schließlich war für Platon (428 v.u.Z. bis 348 v.u.Z.) aufbauend auf die Vorstellungen des Sokrates (469 v.u.Z. bis 399 v.u.Z.) die Seele immateriell und unsterblich, sie existierte unabhängig vom Körper, also schon vor seiner Entstehung. Für Aristoteles (384 v.u.Z. bis 322 v.u.Z.) war die Seele ein immaterielles Formprinzip für den Menschen und die höheren Lebewesen; sie befand sich als Steuerungselement im Herz und wurde bei der Zeugung weitergegeben. Die Existenz von Körper und Seele einschließlich des „Intellekts" endete für Aristoteles mit dem Tod. Der „aktive Intellekt" war für ihn hingegen unvergänglich. Daraus leitete Aristoteles jedoch keine individuelle Unsterblichkeit des Menschen ab.

Die christlichen Vorstellungen von der Seele wurden einerseits stark von all diesen Gedanken beeinflusst, mussten aber – nach Meinung der maßgeblichen christlichen Welterklärer - schließlich so umgeformt werden, dass sie mit den Lehren von der Unsterblichkeit des Menschen, mit der Auferstehung des Leibes und mit den Möglichkeiten der postmortalen Belohnung bzw. Verurteilung des einzelnen Menschen im „Jenseits" bzw. im „Jüngsten Gericht" vereinbar waren.

Sündenfall

Der in den abrahamitischen Religionen als zentrales Ereignis anzusehende „Sündenfall" der zweiten

Schöpfungsgeschichte ist eines der wenigen Erklärungselemente, welches von seinen Erzählern eigenständig zur Beantwortung der Frage „wie kam die Sünde in den Menschen" entwickelt wurde. Während die Juden und die Moslems dieses Ereignis nicht zur Entwicklung einer gesonderten „Sündentheologie" herangezogen haben, wurde die daraus von christlichen Welterklärern entwickelte „Satisfaktionslehre" erfolgreich zur vollständigen Unterwerfung und „Disziplinierung" ihrer gläubigen Anhänger eingesetzt. In der Folge ergaben sich daraus das Gegenteil von der oft erwähnten „Freiheit des Christenmenschen" und die insbesondere von vielen Frauen als diskriminierend und abwertend empfundene Positionierung der Frau in der Geschichte der christlichen Gesellschaften. Es ist dabei für die christliche Frau wenig tröstlich bzw. unerheblich, dass auch in anderen Religionen merkwürdige Einordnungen von Frauen bestanden bzw. bestehen.

Für eine vertiefte Beschäftigung mit den im Christentum verwendeten übernatürlichen Begriffen wie z.B. Gott, Schöpfung, Himmel, Hölle, Sohn Gottes, Heiliger Geist, unsterbliche Seele, Sündenfall, Engel, Teufel, Dämonen, Jenseits, ewige Verdammnis, Jüngstes Gericht, Auferstehung des Leibes usw., ihrer historischen Herkunft und ihren vermutlichen Inhalten empfiehlt es sich, die in seriösen Enzyklopädien zu findenden Erklärungsversuche zu sichten und kritisch mit den von den Theologen der verschiedenen christlichen Ausprägungen dargestellten Denkmodellen und Erklärungsversuchen zu vergleichen. Glückwunsch dem, der sich danach in seinem „angestammten" Erklärungsmodell noch uneingeschränkt zurechtfindet oder gar wohlfühlt.

Auch die anderen Erklärungsmodelle sind stark phantasiebestimmt

Die vielfältigen Vorstellungen von übernatürlichen Erklärungselementen für die Welt sind in den abrahamitischen Weltreligionen (Judentum, Christentum und Islam) in vielen Punkten ähnlich. Anders als das christliche Erklärungsmodell kommen die beiden anderen Weltreligionen dieser Gruppe jedoch ohne einen als Mensch geborenen Gott und ohne den vom Christentum für bestimmte Verbindungsfunktionen zwischen dem „Jenseits" und dem „Diesseits" für erforderlich gehaltenen „Heiligen Geist" aus. Dennoch kommt auch in diesen Religionen die Phantasie nicht zu kurz:

Im Judentum sind alle in den alten Schriften enthaltenen Erzählungen der phantasiebegabten Autoren als Fundament des Glaubens anzusehen; diese teilweise widersprüchlichen Berichte, die Falschmeldungen des zweiten Schöpfungsberichts und insbesondere die angeblich vom Schöpfergott an Moses übergebenen „Zehn Gebote" bestimmen auch heute noch das religiöse Denkmodell eines Juden. Ganz allgemein sind viele der im „Alten Testament" geschilderten Verhaltensmuster immer noch die Grundlage für die familiären und gesellschaftlichen Verhaltensweisen eines Juden. Dies könnte einerseits das bemerkenswerte Zusammengehörigkeitsgefühl der jüdischen Gemeinden aber auch die immer wieder zu beobachtende Ausgrenzung durch bzw. gegenüber anderen Gesellschaftsordnungen erklären.

Der Islam geht seit seiner Gründung davon aus, dass ein überirdisches Wesen – der „Erzengel Gabriel" – dem Propheten Mohammed die Suren des Korans diktiert bzw. übermittelt hat, welche merkwürdigerweise ziemlich exakt das gesellschaftliche Rechtsverständnis der arabischen Welt des 7. Jahrhunderts und nicht z.B. das römische oder das ägyptische Recht beschreiben. Das große Problem für das Zusammenleben der Moslems mit anderen Menschen besteht nun aber darin, dass über eine von einem göttlichen Boten übermittelte Sammlung von Verhaltensnormen grundsätzlich nicht diskutiert werden kann. Dies dürfte einer der wesentlichen Gründe dafür sein, dass – anders als in reformierbaren Gesellschaften – eine rationale „Aufklärung" und damit eine „Infrage-Stellung" oder gar eine Anpassung an aufgeklärte Rechtsnormen nicht möglich erscheint. Der Islam ist demnach offensichtlich dazu bestimmt (oder „verdammt"?), das arabische Gesellschaftsrecht des 7. Jahrhunderts zu konservieren und scheint damit gegen jede nachhaltige Anpassung an die Veränderung gesellschaftlicher Normen immun zu sein.

Der Hinduismus pflegt die von Gottheiten geprägten Erklärungsmodelle aus dem 3. Jahrtausend v.u.Z., die in ähnlicher Form im alten Ägypten und auch bei den Sumerern bestanden haben und dort bereits vor mehr als 2000 Jahren mit ihren damaligen Kulturen untergegangen sind. Insbesondere die aus heutiger Sicht extrem unsoziale Einteilung der indischen Gesellschaft in ein Kastensystem dürfte nur deswegen von den weniger privilegierten Gläubigen akzeptiert werden, weil grundsätzlich jeder Mensch bzw. seine Seele nach einem langen Kreislauf der Wiedergeburten die Chance zur Befreiung bzw. zur Wiedervereinigung der Seele mit „dem Absoluten" hat.

Der Buddhismus verzichtet in seinem Erklärungsmodell auf Götter und konzentriert sich auf Seelenwanderung und Wiedergeburt, auf die Wiederkehr aller Zustände im kosmischen Geschehen und auf den Weg der Seele aus dem Zustand des qualvollen irdischen Leidens.

Auch die anderen religiösen Welterklärungsmodelle beinhalten geisthafte und übernatürliche Phantasiebilder, die von den jeweils davon erfassten Menschen sorgfältig gepflegt und weitergegeben werden.

Die Unsterblichkeit der Seele ist Traum und Alptraum zugleich

Die „Seele" eines Menschen ist ein Begriff, der von den zahlreichen Philosophien, Religionen und Mythen der Menschheitsgeschichte mit sehr unterschiedlichen Vorstellungen verknüpft wurde, welche sich im Laufe der Geschichte nachhaltig verändert haben und die bis heute nicht von einer allgemein gültigen oder gar allgemein anerkannten Definition erfasst werden.

Da man bis jetzt nicht alles, was einen einzelnen Menschen charakterisiert, mit seinen körperlichen, seinen geistigen und seinen psychischen Gegebenheiten - soweit letztere überhaut rational beschreibbar sind - erklären kann, muss es nach Meinung vieler Menschen noch eine weitere Komponente geben, die für den „Rest" des Menschen (oder ganz allgemein eines Lebewesens) verantwortlich ist. Wenn man will, kann man diese unbekannte Komponente „Seele" nennen. Die in mehreren tausend Jahren von den verschiedenen Welterklärern vorgeschlagenen bzw. postulierten Vorstellungen von der „Seele" reichen von „materiellen" Abbildern oder Kopien eines Menschen oder eines anderen Lebewesens mit allen ihn oder es charakterisierenden Informationen bis hin zu immateriellen Bildern oder imaginären Symbolen. Der Mensch wurde im Laufe seiner philosophischen

Lernkurve immer wieder damit konfrontiert, dass mit dem Tode eines Menschen oder eines Lebewesens seine körperliche und – soweit vorhanden und beschreibbar - seine geistige und seine psychische Existenz erlischt; er konnte oder wollte sich aber nicht damit abfinden, dass durch den Tod die völlige Beendigung des individuellen Lebens erfolgte und träumte davon, dass wenigstens die „Seele" eines Menschen bzw. eines Lebewesens „unsterblich" ist und so auch weiterhin als irgendwie existierend gedacht werden kann. Diese Wunschvorstellung des Menschen konnte von phantasiebegabten Welterklären aller Zeiten, Regionen und Ethnien durch eindrückliche Vorstellungen zur Unsterblichkeit der „Seele" und nicht zuletzt als Mittel zur Disziplinierung und Unterwerfung von Menschen genutzt werden, da sie sich eben nicht durch ihren Tod der Verantwortung für die von ihnen begangenen „Regelverstöße" während ihres vorherigen Lebens entziehen konnten oder eben auch nach ihrem Tode für ihr im Leben gezeigtes positives Wirken belohnt werden konnten. Mit dem damit möglichen Instrumentarium wurden und werden auch heute noch viele Menschen dazu gebracht, sich den jeweils tragenden religiösen Vorstellungen zu unterwerfen und sich als integriertes Mitglied der betreffenden Religionsgemeinschaft zu verhalten. Das Dumme ist nur, dass viele Menschen, die sich die Welt bereitwillig (oder auch nicht) erklären lassen, nicht von diesem Instrumentarium erreicht werden können, weil ihr Streben nach Macht bzw. nach persönlichen Vorteilen ihre Sorge um das Weiterleben ihrer Seele überlagert.

In der geschichtlichen Betrachtung fällt auf, dass sich insbesondere mächtige Herrscher mit der Unsterblichkeit ihrer Seele beschäftigt haben. Dies wird z.B. in den reichen Grabbeigaben der ägyptischen Pharaonen und noch eindrucksvoller in den Terrakotta-Armeen von Kaisern der chinesischen Han-Dynastie deutlich, wobei die Vermutung besteht, dass die Figuren der Terrakotta-Armeen aus „humanitären" Gründen an die Stelle von lebenden Menschen getreten sind, die man ursprünglich mit den Kaisern begrub.

Die vorrangige Stellung des Mannes ist eine fatale Falschmeldung

Der in der christlichen Vorstellung als Medium zur sündenfreien Geburt des Gottessohnes ausersehene weibliche Mensch Maria wurde von der römisch-katholischen Kirche in Anerkennung seiner diesbezüglichen Verdienste nach fast zweitausend Jahren dazu ausersehen, „leiblich in den Himmel" aufgenommen zu werden bzw. aufgenommen worden zu sein. Der sich daraus ergebende Marienkult könnte als teilweise „Wiedergutmachung" für die dem biblischen Schöpfergott von den gewissenlosen Welterklärern der zweiten Schöpfungsgeschichte in den Mund gelegte Falschmeldung

„Du hast Verlangen nach deinem Mann, er aber wird über dich herrschen"

interpretiert wird, auf welcher auch heute noch in vielen Teilbereichen der abrahamitischen Religionen und insbesondere der römisch-katholischen Kirche eine grundlos praktizierte Ausgrenzung bzw. Unterordnung der Frau beruht. Es sind nämlich in erster Linie die Frauen, die unter den theologischen Folgerungen aus dem tatsächlich nicht stattgefundenen Sündenfall zu leiden hatten bzw. haben. Dies wird in der kurzen Darstellung der schweizerischen Theologin Doris

Strahm (erschienen in: Wendekreis Nr. 4/5, April/Mai 2008) deutlich, die zum Thema

„Vom Sündenfall – Ist Eva an allem schuld?" folgendes schrieb:

„Die Kirchenväter jedenfalls waren überzeugt: Die Frau ist schuld, dass die Menschen aus dem Paradies vertrieben wurden und als Sünder der Erlösung bedürfen. Hätte Eva, die erste Frau, nicht gesündigt und Adam, den Mann, zur Sünde verführt, dann brauchten wir keine Erlösung von der Sünde und keinen Erlöser. Und dann hätte auch der Sohn Gottes nicht sterben müssen, um unsere Schuld zu sühnen, wie der Kirchenvater Tertullian erklärte. Die Verführung zur Sünde wurde dabei schon bald als sexuelle Verführung interpretiert. Die christliche Auslegung von Genesis 3, der Sündenfallgeschichte, strich die besondere Empfänglichkeit der Frau für das Böse sowie die Verbindung von weiblicher Sexualität und Sünde heraus: Sie ist die Verführbare und die Verführerin.

Diese Sicht wurde über Jahrhunderte von der christlichen Theologie vertreten und wirkt im kollektiven kulturellen Gedächtnis des Westens bis in die Gegenwart nach. So begegnet uns das Motiv der Eva, der Frau als Verführerin, auch heute noch allenthalben in der Kunst und Literatur und feiert in der Werbung fröhliche Urstände. Und auch in der Psyche von Frauen hat der Eva-Mythos Spuren hinterlassen: Dass bei vielen Frauen gerade der eigene Körper zum Schauplatz von Schuld und Heilsverlangen wird, dass sehr viele Frauen in unserer Gesellschaft unter einem diffusen Grundgefühl von Schuld und Unvollkommenheit leiden, ist wohl nicht zuletzt auf diese jahrhundertelang wirksame christliche Sündentheologie zurückzuführen. Sie hat einen engen Zusammenhang zwischen Frausein, Frauenkörper und Schuld hergestellt. Sich selbst im eigenen Körper als gut anzunehmen, fällt vielen Frauen noch immer schwer.

Auf der einen Seite verkündet die christliche Theologie, dass Jesus Christus uns ein für allemal von der Sünde erlöst hat. Auf der anderen Seite vertritt sie ein pessimistisches Menschenbild, das die Menschen an ihrem sündigen Ende festhält, ihnen kaum Gutes zutraut und wenig spüren lässt von erlöstem Menschsein. Zu dieser Fixierung auf Sünde und Schuld hat die Lehre von der Erbsünde, die von Augustinus entwickelt wurde und die katholische Theologie bis ins 20. Jahrhundert geprägt hat, maßgeblich beigetragen. Als Hauptbeleg für die Erbsünde galt Römer 5,12. Dieser Vers wurde so verstanden, dass durch Adam, den ersten Menschen, alle Menschen gesündigt haben. Die Menschen kommen mit dieser Erbschuld auf die Welt. Sie wird nach Augustinus durch die Begehrlichkeit beim Zeugungsakt übertragen. Folgen der Erbsünde sind ewige Verdammnis, leiblicher Tod und Begierde. Mit dieser Erbsündenlehre wurde lange Zeit auch die Kindertaufe begründet: Ungetauft sterbende Kinder fallen der Verdammnis anheim!

Verheerend hat sich die Erbsündenlehre Augustins auch im Hinblick auf die Bewertung der menschlichen Sexualität ausgewirkt: Der sexuelle Akt gilt selbst in der Ehe als schändlich wegen der Lustempfindung und der Eigenmächtigkeit der sexuellen Begierde. Erlaubt werden kann er nur dadurch, dass die Eheleute nicht die *Lust*, sondern den *Zweck* der Ehe anstreben: die Fortpflanzung. Diese Sicht, die in abgeschwächter Form die offizielle römisch-katholische Lehre von Ehe und Sexualität bis heute bestimmt, ist folgenschwer gewesen: Sie hat Sexualität und Sünde praktisch gleichgesetzt, Liebe und sexuelle Lust getrennt. Die Trennung von ehelicher Sexualität und Lust hat die Lebensgeschichten unzähliger Menschen und ganz besonders von Frauen bis in die Gegenwart hinein mit quälenden Spannungen und Schuldgefühlen belastet.

Als feministischer Theologin hat sich mir eine andere Sicht auf die christliche Theologie eröffnet: Nicht Sünde und Schuld sind die Mitte der christlichen Botschaft. Im Zentrum der Verkündigung Jesu steht das Reich Gottes, die Verheißung eines «Lebens in Fülle» für alle Menschen, das er in seinem Handeln erfahrbar gemacht hat. Jesus hat Menschen aufgerichtet und geheilt, sie nicht niedergedrückt und gekrümmt. Er hat ihnen in Erinnerung gerufen, dass sie Ebenbild Gottes und von Gott geliebte Töchter und Söhne sind – ohne Vorleistung, so, wie sie sind.

Diese Botschaft sollten die Kirchen ins Zentrum der christlichen Theologie rücken. Dann würde für Menschen vielleicht wieder erfahrbar, was das Christentum beansprucht zu sein: eine frohe, befreiende Botschaft für die Menschen. Dies heißt nicht, die Menschen grundsätzlich als schuldlos anzusehen. Aber es heißt, Frauen und Männern die Fähigkeit zu Liebe und Gerechtigkeit zuzutrauen, sie als mündige Subjekte ernst zu nehmen, die eine Wahl treffen können und Verantwortung für das eigene Handeln übernehmen. Handeln aber schließt auch Schuldigwerden ein. Diese Schuldfähigkeit jedoch ist kein ererbter Zustand der Sündhaftigkeit, sondern Zeichen unserer menschlichen Freiheit und Mündigkeit." (Ende des Zitats.)

Ein besonders bemerkenswerter Aspekt dieses Beitrags ist, dass die Autorin eingangs feststellt: „Hätte Eva, die erste Frau, nicht gesündigt und Adam, den Mann, zur Sünde verführt, dann brauchten wir keine Erlösung von der Sünde und keinen Erlöser." Die Autorin ist damit schon sehr nahe an der Erkenntnis, dass der „Sündenfall" tatsächlich nicht stattgefunden hat und damit die unglaubwürdigen Geschichten um den

Gottessohn völlig entbehrlich sind; sie kehrt aber dennoch zu ihrem angestammten Erklärungsmuster zurück und sieht die Lösung in einer neuen Zuwendung an die zweifellos beeindruckenden Gedanken des Wanderpredigers Jesus von Nazareth.

Die Tatsache, dass Jesus auch „nur" ein Mensch war, schränkt übrigens den Liebreiz der Geschichte von der Geburt Jesu in keiner Weise ein; diese Erzählung könnte auch dann weiterhin als wunderbares Gleichnis für die immer wiederkehrende natürliche Erneuerung des Menschen gefeiert werden, wenn dabei auf die unglaubwürdige Einflussnahme eines Gottes verzichtet werden würde. Die Schilderung einer innigen Liebe zwischen Josef und Maria könnte das Schönste beschreiben, was der Mensch sich erträumen kann und Jesus wäre einfach nur die natürliche Frucht dieser bezaubernden Liebe. Und schließlich ist es für die von dem Wanderprediger Jesus wiederbelebte Idee von der Nächstenliebe unerheblich, ob er „nur" ein Mensch war.

Die christliche Religionswirklichkeit ist immer noch sehr weit von der faktischen Gleichstellung der Geschlechter entfernt. Die auf den fragwürdigen zweiten Schöpfungsbericht aufgebaute Sündentheologie macht es nahezu unmöglich, diese Gleichstellung in das Leben der Gläubigen umzusetzen. Die in den christlichen Religionen, insbesondere in der römisch-katholischen Kirche praktizierte Unterordnung der Frau wird von der herrschenden Männerschicht nur dann aufgegeben werden, wenn dies durch einen weiteren dramatischen Schwund der Anhängerzahlen erzwungen wird.

Das Judentum tut sich in Anbetracht der in seinen eher normativ verstandenen „Heiligen Schriften" dargestellten patriarchalischen Gesellschaftsstrukturen ebenfalls sehr schwer, zu einer faktischen Gleichstellung der Geschlechter zu gelangen. Es ist nicht davon auszugehen, dass die jüdischen Frauen ohne äußere Unterstützung die Kraft für eine grundlegende Änderung ihrer Position aufbringen können.

Obwohl dem Koran zu entnehmen ist, dass sich Mohammed für eine Gleichstellung der Geschlechter ausgesprochen hat, ist zumindest die orthodoxe muslimische Lebenswirklichkeit um Jahrhunderte von der in aufgeklärten Gesellschaften erreichten Gleichstellung entfernt. Die ebenfalls stark normativ wirkenden Lebensgrundsätze des Korans stehen auch hier der Gleichstellung der Frau im Wege, auch wenn in Teilbereichen bescheidene Fortschritte zu verzeichnen sind.

Der Hinduismus ist augenscheinlich gar nicht um einen Abbau der Ungleichbehandlung bemüht; man kann hierzu z.B. folgende Äußerung eines ausgewiesenen hinduistischen Religionslehrers lesen: „Frauen stehen unter Männern; ihre religiöse und soziale Pflicht ist es, sich dem Manne unterzuordnen, so wie sich die Göttin Sita dem Gott Rama beugte". Schließlich ist man im Hinduismus mit der Ungleichbehandlung von Gesellschaftschichten im praktizierten und offensichtlich von der hinduistischen „Weltordnung" gewollten Kastensystem bestens vertraut; da steht die vergleichsweise gewichtsarme Unterordnung der Frau nicht wirklich im Vordergrund.

Der Buddhismus spricht zwar offiziell von einer Gleichbehandlung zwischen Mann und Frau, weist aber eine mehr als 2.500 Jahre alte Tradition von Bevorrechtigungen des Mannes auf. Ob man in der Tatsache, dass der Mensch und Welterklärer Siddhartha Gautama – der später Buddha („der Erwachte") genannt wurde – kurz nach der Geburt seines Sohnes Frau und Kind verlassen hat, um sich ungestört in der Einsamkeit seinen Meditationen widmen zu können, als besondere Wertschätzung für seine Frau interpretieren kann, mag jeder für sich selbst entscheiden.

Obwohl die Gleichbehandlung der Geschlechter in vielen weltlichen Verfassungen und Gesetzen fest verankert ist, wird ihre allgemeine Umsetzung durch religiöse Erklärungsmodelle verhindert oder zumindest stark erschwert. Und das geschieht, obwohl es weltweit intensive Bemühungen zur Erzielung der Gleichberechtigung der Frauen gibt:

1980 ist das „Übereinkommen zur Beseitigung jeder Form von Diskriminierung der Frau" (*Convention on the Elimination of All Forms of Discrimination Against Women*/CEDAW) in Kraft getreten, das bis zum Jahre 2006 immerhin von 184 Staaten der Erde unterzeichnet wurde; es basiert auf der „allgemeinen Erklärung der Menschenrechte" von 1948, definiert den Begriff *Diskriminierung der Frau*, verurteilt diese ausdrücklich und schafft Rahmenbedingungen und Maßnahmen, diese zu beseitigen. Es ist die völkerrechtlich verbindliche Rechtsgrundlage für alle Unterzeichnerstaaten für nationale und bilaterale Gesetzgebung und Rechtsprechung. Der UN-Ausschuss für die Beseitigung der Diskriminierung der Frau (*Committee on the Elimination of Discrimination against Women*/CEDAW) der Vereinten Nationen ist das Gremium, das dessen Einhaltung überwacht. Die Umsetzungen des CEDAW sind aber durchaus langwierig, das Übereinkommen selbst ist ebenfalls nicht unumstritten und wurde von vielen Staaten nur unter zahlreichen Vorbehalten akzeptiert.

Die Naturgesetze können gesicherte Fakten zur Verfügung stellen

Wenn jeder einzelne Mensch in der Lage wäre, sich ohne andere Welterklärer ein Erklärungsmodell aufzubauen und dabei auch alle denkbaren übernatürlichen Erklärungselemente benutzen zu können, gäbe es (mindestens) ebenso viele verschiedene Erklärungsmodelle wie Menschen. Man kann es deshalb bei dem bisher vergleichsweise kurzen Überblick belassen und versuchen, anhand der gesicherten Erkenntnisse der Gesetze und Gegebenheiten der Natur eine Eingrenzung der Erklärungsmodelle auf rational nachvollziehbare Erklärungselemente vorzunehmen.

An dieser Stelle sei aber bereits eine Vorwarnung ausgesprochen: Solange irgendein Phänomen unseres Universums nicht vollständig erkannt, vermessen und analysiert werden kann, wird es bereitwillige Welterklärer geben, die mit Unwissen, Halbwissen, Vermutungen, reicher Phantasie und nicht immer mit guten Absichten ein scheinbar plausibles Bild des Phänomens entwerfen.

Betrachten wir z.B. den Mond als den der Erde am nächsten liegenden Himmelskörper; er bewegt sich in einer sogenannten gebundenen Rotation um die Erde bzw. um einen gemeinsamen Schwerpunkt und zeigt uns Menschen deshalb stets dieselbe Seite, was zu allen Zeiten zu phantasievollen Erklärungen geführt hat. In alten Mythologien hat man den Mond als – meist weibliche – Gottheit verehrt. Als Anaxagoras im 5. Jahrhundert v.u.Z. die Vermutung äußerte, dass der Mond sein Licht von der Sonne erhalte und, dass es auf dem Mond Täler und Schluchten gebe, hat ihm das eine Verurteilung wegen Gotteslästerung eingebracht. Das geschah bereits mehr als 2.000 Jahre vor Galileis Verurteilung!

Aber auch und gerade die von uns Menschen nicht einsehbare „Rückseite" des Mondes hat noch bis zur Mitte des 20. Jahrhunderts zu wilden Spekulationen geführt, die sich erst mit der fotografischen Erschließung durch sowjetische Wissenschaftler im Jahre 1959 in Luft auflösten, da diese Bilder keine spektakulären Abweichungen gegenüber der „Vorderseite" dokumentieren konnten. Auch wenn solche Ernüchterungen von engagierten Welterklärern in der Regel nicht als Sternstunden empfunden werden, sollten wir uns nicht daran hindern lassen, uns der heute bekannten Naturgesetze und Fakten des Universums zu bedienen, um unsere Fähigkeiten zur Phantasie für andere reizvolle Dinge des Lebens zu reservieren. Wenn im Weiteren auch Zahlen über

Entfernungen und Geschwindigkeiten genannt werden, sollen diese lediglich dazu dienen, die Dimension des Universums zu veranschaulichen und einen nachhaltigen Eindruck von der Erhabenheit der vom Menschen beobachtbaren Natur zu ermöglichen.

Fundierte Messungen durch Astrophysiker haben eindeutig nachgewiesen, dass unser Universum ständig expandiert. Die Galaxien – also Sternenhaufen wie unsere Milchstraße - entfernen sich immer weiter voneinander. Man kann dies veranschaulichen, indem man einen Luftballon mit Flecken versieht, welche die verschiedenen Galaxien darstellen sollen; beim weiteren Aufblasen des Luftballons entfernen sich die Flecke voneinander, aber ihre Anordnung zueinander bleibt erhalten. Wenn man sich diesen Vorgang umgekehrt vorstellt, würden die Galaxien immer näher zusammenrücken. Daraus kann mathematisch exakt geschlossen werden, dass unser Universum vor ca. 13,8 Mrd. Jahren mit dem sogenannten „Urknall" aus einer hochverdichteten Zone aus miteinander verkoppelter Materie und Energie hervorgegangen ist. Dabei wird der Ausdruck „Urknall" in vielen fachlichen Abhandlungen über die Entstehung unseres Universums verwendet, obwohl es in Ermangelung eines schalltragenden Mediums (wie z.B. Luft) keinen hörbaren „Knall" gegeben haben kann; damit wird auch in dieser naturwissenschaftlichen Darstellung ein Bild verwendet, das ein normaler Mensch „besser verstehen" kann, obwohl es den tatsächlichen Vorgang nicht zutreffend veranschaulicht.

Es ist denkbar, dass es vor dem „Urknall" ein „Vorgänger-Universum" oder ein unkonzentriertes Masse-/Energiefeld gegeben hat, welches in einem gigantischen Kontraktionsprozess auf die Urknall-Zone verdichtet wurde, der in umgekehrter Richtung verlief wie der heutige Expansionsvorgang unseres Universums. Es ist ebenfalls denkbar, dass unser Universum bzw. „die Universen" durch eine uns noch unbekannte Ursache im „leeren Raum" ausgelöste Aufteilung des „Nichts" in Materie und Antimaterie entstanden ist bzw. sind. Leider können diese Theorien mit den heute bekannten Gesetzmäßigkeiten der Quantenphysik und auch der allgemeinen Relativitätstheorie noch nicht schlüssig unterlegt werden. Es kann sein, dass eines Tages die Beschreibung der vor dem „Urknall" bestehenden Zustände unseres Universums mit einer beide Zustände verbindenden „Weltformel" gelingt, die möglicherweise zusätzlich zu den gegenwärtig vorstellbaren räumlichen Dimensionen und der Zeit noch die Einbeziehung weiterer Dimensionen erforderlich machen würde; es dürfte aber eher wahrscheinlich sein, dass die Suche nach dieser Weltformel an den begrenzten Möglichkeiten des menschlichen Gehirns scheitern wird. Vielleicht gelingt der Evolution ein zusätzlicher Schritt der Intelligenzerweiterung beim Menschen oder bei einem anderen Lebewesen, der diese erweiterten Erkenntnisse ermöglicht. Bis dahin müssen sich die Menschen wohl damit zufrieden geben, dass die unmittelbar nach dem „Urknall" eingetretene Entwicklung unseres Universums von den Astrophysikern recht präzise beschrieben und mit zuverlässigen Messwerten unterlegt werden kann. Danach hat sich folgender Ablauf ergeben:

Bis 300.000 Jahre nach dem Urknall entstand in der sogenannten Strahlungs-Ära ein sich mit Über-Lichtgeschwindigkeit ausdehnendes Universum, welches feurig, aber lichtundurchlässig war.

Bis 1 Milliarde Jahre nach dem Urknall erfolgte eine Entkopplung von Materie und Energie.

Bis 3 Milliarden Jahre nach dem Urknall bildeten sich die ersten Galaxien.

Bis 5 Milliarden Jahre nach dem Urknall entstanden weitere Galaxien mit schweren Kernen wie unsere Milchstraße.

Bis 10,3 Milliarden Jahre nach dem Urknall hat sich durch weitere Verdichtung innerhalb der Galaxien - weitgehend zufallsgesteuert - eine Zusammenballung der im Weltraum verteilten chemischen Elemente zu Sternen und Planeten ergeben. Dabei ist auch unser

Sonnensystem mit dem vergleichsweise kleinen Planeten Erde entstanden, dessen Oberfläche zufallsbedingt eine chemische Zusammensetzung aufwies, die nach einer weiteren Phase der Abkühlung und der von der Sonne gelieferten Strahlungsenergie geeignet war, die chemischen Reaktionen zur Entstehung organischer Verbindungen zu ermöglichen und damit die Voraussetzungen für die Entstehung organischer Lebensformen zu schaffen.

Vor 3,5 Milliarden Jahren ergaben sich dann aus den zufallsgesteuerten chemischen Mischungs- bzw. Reaktionsprozessen die ersten organischen Lebensformen auf der Erde. Die Entstehung organischer Verbindungen aus den vorhandenen Elementen bzw. Verbindungen konnte bereits im Laborversuch nachvollzogen werden, die experimentelle Entstehung lebensfähiger Zellen ist allerdings bis heute noch nicht gelungen.

Die anfänglich extrem einfachen biochemischen Konstruktionspläne wurden in Anpassung an die sich ständig ändernden Umweltbedingungen immer komplizierter und vielfältiger. Im Laufe von 3,5 Milliarden Jahren entstanden auf diese Weise viele Millionen Arten von Lebewesen, von denen eine große Zahl bereits wieder ausgestorben ist, da sie nicht mehr für die sich ständig ändernden Umweltbedingungen geeignet waren und durch nachfolgende Arten abgelöst wurden, die sich den geänderten Bedingungen besser anpassen konnten.

Erst vor etwa 300.000 Jahren ergab sich bei bestimmten menschenähnlichen Tieren („Primaten") eine Weiterentwicklung des biochemischen Konstruktionsplans, die allmählich auch zu einer Erweiterung der frei nutzbaren Zonen und Funktionen des Gehirns führte; gleichzeitig wurden einige der für bestimmte fest vorgegebene Funktionen („Instinkte") vorgesehenen Zonen zurückentwickelt bzw. abgebaut. Dieser im Folgenden etwas plakativ als „Freischaltung des Gehirns" bezeichnete Evolutionsvorgang hat den Menschen zum dominierenden Lebewesen werden lassen, da er sich dank seiner gegenüber den anderen Primaten spürbar gesteigerten und optimierten Gehirnkapazität und damit seiner wesentlich erweiterten Denk- und Analysefähigkeit sämtliche Werkzeuge herstellen konnte bzw. kann, die er zur Beschaffung von Rohstoffen und Nahrungsmitteln, zur Herstellung von Kleidern, Werkzeugen und Einrichtungsgegenständen, zur Erzielung einer fast grenzenlosen Mobilität auf der Erde, einer ersten Mobilität im Weltall und der vollständigen kommunikativen Vernetzung der Menschheit benötigte. Diese „Freischaltung" hatte jedoch gleichzeitig zur Folge, dass bestimmte Menschen mit ihren körperlichen, geistigen, psychologischen und technischen Mitteln die Macht über andere Menschen gewinnen konnten und können. Die Geschichte der Menschheit zeigt, dass dies schon immer eine besonders ausgeprägte menschliche Leidenschaft ist.

Heute hat unser Universum einen Durchmesser von mindestens 45 Milliarden Lichtjahren und umfasst ca. 100 Milliarden Galaxien; die Milchstraße hat einen Durchmesser von 100.000 Lichtjahren, d.h. der Durchmesser des Universums beträgt mehr als 450 Millionen Durchmesser der Milchstraße bzw. mehr als 15 Milliarden Durchmesser des Sonnensystems. Die Milchstraße enthält etwa 300 Milliarden Sterne („Sonnen"), von denen jeder einzelne von mehreren Planeten umkreist wird. Heute wird davon ausgegangen, dass im Durchschnitt ca. zwei „erd-ähnliche" Planeten pro „Sonnensystem" vorhanden sind, die über die stofflichen Grundvoraussetzungen in Form von Wasserstoff, Sauerstoff, Kohlenstoff, und Stickstoff verfügen könnten. Wenn das zuträfe, wäre in der Milchstraße von ca. 600 Milliarden „erd-ähnlicher" Planeten auszugehen, von denen aber nur ca. 100 Millionen im engeren Sinne als bewohnbar wie die Erde gelten. Um das Ganze noch etwas verwirrender darzustellen: Neben unserem unvorstellbar großen Universum gibt es wahrscheinlich noch eine ganze Reihe weiterer Universen, über deren Abmessungen und Zustand wir bis jetzt nur spekulieren können.

Es wird oft darüber nachgedacht, wie groß die

Wahrscheinlichkeit ist, dass z.B. auf anderen Planeten der Milchstraße vergleichbare Lebensformen wie auf der Erde bestehen. Hierzu müssten neben einer grundsätzlichen Ähnlichkeit der Rahmenbedingungen viele weitere Kriterien erfüllt sein, wie z.B. die Höhe der durchschnittlichen Temperaturen, die Bandbreite der auftretenden Temperaturschwankungen, die Auswirkungen der Schwerkraft, die Länge der Tag- und Nachtwechsel, die physikalische Zusammensetzung des Tageslichts, der Aufbau der Atmosphäre, die Strahlenbelastung, die Belastung mit kosmischen Partikeln, die Zusammensetzung der Planetenoberfläche und nicht zuletzt der erreichte Zustand der Evolution. Man darf ja nicht vergessen, dass zwischen dem ersten Auftreten von biologischen Lebensformen auf der Erde und dem ersten Auftreten von Menschen bzw. menschenähnlichen Wesen immerhin ca. 3,5 Milliarden Jahre vergangen sind. Bei anderen Bedingungen auf anderen Planeten könnte dieser Zeitraum der Evolution deutlich kürzer aber auch wesentlich länger sein bzw. gewesen sein, sodass die Wahrscheinlichkeit des zeitlichen Zusammentreffens vergleichbarer Evolutionsstadien sehr gering ist. Schließlich beobachten wir auf der Erde, dass insbesondere hochentwickelte Lebewesen dazu neigen, ihre eigene natürliche Lebensgrundlage durch hemmungslose Ausbeutung und Verunreinigung ihrer Umwelt nachhaltig so stark zu beeinträchtigen, dass sie selbst aussterben und den vorhandenen Lebensraum niedriger strukturierten Lebewesen überlassen müssen.

Natürlich stellt sich auch die Frage, ob es denkbar ist, dass Lebewesen von verschiedenen bewohnbaren Planeten der Milchstraße miteinander in Verbindung treten. Niemand kann das restlos ausschließen, da aber zur funktionierenden Aufnahme von Kontakten mit außerirdischen Lebewesen ein Mindestmaß an Kompatibilität der Kommunikationssysteme erforderlich ist, die nur bei vergleichbarer Evolutionsstufe und ähnlicher technischer Entwicklung erreichbar wäre, dürfte auch dies extrem unwahrscheinlich sein. Auch sollte man hier bedenken, dass der Mensch erst im letzten Jahrhundert begonnen hat, leistungsfähige Übertragungssysteme für Informationen zu entwickeln, die heute noch – auch aus Energiegründen - gemessen an den Dimensionen der Milchstraße eine vergleichsweise bescheidene Reichweite haben und es sind seit dem Beginn der „Freischaltung des Gehirns“ immerhin mehr als ca. 300.000 Jahre vergangen, bis sich der Mensch mit diesem Thema erfolgreich beschäftigen konnte. Im Übrigen: Ein heute von der Erde abgesandtes Signal wäre bis zum nächsten bewohnbaren Planeten der Milchstraße viele Jahre unterwegs; das hätte mit Kommunikation in unserem heutigen Wortsinn nicht viel zu tun. Und: Diese Art von Kommunikation würde den Menschen bei der Suche nach Antworten auf die Kernfragen unseres irdischen Lebens und auf die Schicksalsfrage der Menschheit nicht wirklich weiter bringen.

Da die Vielfalt der menschlichen Denkmodelle in erster Linie auf die bereits angesprochene „Freischaltung des Gehirns" zurückzuführen sind, stellt sich die Frage: Wie werden denn die im Menschen ablaufenden Wahrnehmungen und die Speicher- und Denkvorgänge erzeugt bzw. transportiert?

Für diese Vorgänge steht eine ganze Reihe von Hilfsmitteln zur Verfügung; die Sinnesorgane des Menschen (Sehen, Hören, Geruch, Geschmack, Hautsinne und Berührung, Hautsinne und kinästhetischer Sinn, Schmerz) sind mit Steuerungsfunktionen ausgestattet, die ein von außen oder innen kommendes Signal über elektro-chemische Reaktionen an das Gehirn bzw. das zentrale Nervensystem weiterleiten und dort – oft unvollständig - speichern. Die weitere Auswertung dieser gespeicherten Informationen erfolgt wieder durch elektro-chemische Prozesse; ebenso die aus dieser Auswertung entstehenden Entscheidungsprozesse. All diejenigen Vorgänge, die von Philosophen oder Theologen unter den Begriffen „Geist", „Wille" bzw. „Seele" diskutiert wurden bzw. werden, sind also Ergebnisse aus höchst komplexen Ketten von bzw. Wechselwirkungen zwischen elektro-chemischen Prozessen, deren grundsätzliche Ablauflogik heute schon soweit nachvollziehbar ist, dass kein größerer Raum für spekulative Erklärungen besteht. Insbesondere bestehen keine Zweifel daran, dass die für die Abwicklung der im Menschen ablaufenden elektro-chemischen Prozesse eine lebende Infrastruktur des Menschen voraussetzen und die erforderliche Energie ausschließlich durch die im Menschen ablaufenden Stoffwechselprozesse bereit gestellt wird bzw. werden kann, woraus sich folgerichtig die Tatsache ergibt, dass der Tod eines Menschen zum vollständigen Erlöschen seiner körperlichen und geistigen Funktionen führt. Übrigens arbeiten nach diesem Prinzip auch die Steuerungssysteme der anderen Lebewesen; in diesem Punkt hat sich also beim Evolutionsschritt vom Tier zum Menschen keine grundsätzliche Änderung ergeben. Allerdings hat der Mensch zwei Gene mehr als die übrigen Primaten; sein individueller Gen-Satz entsteht – wie bei den meisten anderen Lebewesen – aus der Kombination der Gen-Sätze seines Vaters und seiner Mutter.

Die Eckpunkte dieser Überlegungen können wie folgt zusammengefasst werden:

1. Unser Universum ist mit der als „Urknall" beschriebenen Explosion einer extrem verdichteten Zone aus miteinander verkoppelter Energie und Materie entstanden; die Vorgeschichte zur Entstehung dieser hochverdichteten Zone kann nach dem heutigen Kenntnisstand der Naturwissenschaften noch nicht beschrieben werden.

2. Nach dieser Explosion ergab sich in Milliarden von Jahren die Umwandlung eines Teils der expandierenden Energie in Materie, danach eine Zusammenballung der Materie in Galaxien und im weiteren Verlauf eine Zusammenballung zu Sternen bzw. Planeten. Die grundsätzlichen Abläufe dieser Prozesse können heute naturwissenschaftlich korrekt beschrieben werden.

3. Bei diesem Prozess der Zusammenballung ist auch unser Sonnensystem mit allen Planeten und insbesondere der Erde entstanden, deren Oberfläche zufällig eine chemische Zusammensetzung aufwies, die es erlaubte, mit Hilfe der von der Sonne bereit gestellten Strahlungsenergie organische Verbindungen und schließlich organische Lebensformen entstehen zu lassen. Die Entstehung organischer Verbindungen aus den vorhandenen Elementen bzw. Verbindungen konnte bereits im Laborversuch nachvollzogen werden, die experimentelle Entstehung lebensfähiger Zellen ist dem Menschen bis heute noch nicht gelungen.

4. Aus den ersten lebensfähigen Zellen haben sich in einem mehrere Milliarden Jahre dauernden Evolutionsprozess immer höher entwickelte Lebewesen und insbesondere Tiere herausgebildet, die schließlich dazu geeignet waren, durch einen

weiteren Evolutionsschritt den Umfang des „frei nutzbaren" Teils des Gehirns bzw. des zentralen Nervensystems wesentlich zu erweitern und gleichzeitig die mit „vorgegebener Funktion" versehenen Zonen zu reduzieren. Dies war einer der entscheidenden Schritte in der Entwicklung vom Tier zum Menschen. Die grundsätzliche Richtigkeit der Gesetzmäßigkeiten der Evolution kann durch eine Vielzahl wissenschaftlicher Erkenntnisse und Beobachtungen belegt werden. Die biologische Struktur des einzelnen Menschen wird grundsätzlich durch die Gen-Sätze seines Vaters und seiner Mutter eindeutig und vollständig festgelegt.

5. Die zur Wahrnehmung, Verwaltung, Auswertung, Umsetzung bzw. Gestaltung von Signalen, welche der Mensch empfängt, speichert oder aussendet, erforderlichen Nervenimpulse sind mit Hilfe elektro-chemischer Vorgänge erklärbar; der Ablauf und die Speicherung dieser Vorgänge können nur unter Inanspruchnahme der lebenden Infrastruktur eines menschlichen Körpers und seines Energiehaushalts geschehen. Ein vom Körper des Trägers losgelöstes Existieren solcher Vorgänge kann definitiv ausgeschlossen werden.

6. Unser Universum wird in einigen Milliarden Jahren „sterben"; entweder weil seine Materie mangels

Dichte in Bewegungsenergie umgewandelt wird oder weil die Gravitationskraft der Galaxien dazu ausreicht, die Expansionsbewegung in eine Kontraktionsbewegung mit anschließendem „erneutem" Urknall umzukehren. Das Leben auf der Erde wird weit vorher enden, spätestens dann, wenn die Sonne als Energiespender nicht mehr ausreicht oder – viel früher – wenn der Mensch die Zerstörung des Gleichgewichts der Umweltbedingungen nicht in ausreichendem Umfang unter Kontrolle bringen kann bzw. wenn ein unvorhersehbares Ereignis (z.B. Kollision eines Asteroiden oder Kometen mit der Erde) die lebensfreundlichen Bedingungen auf der Erde nachhaltig verändert.

Mit Faktenchecks können falsche Welterklärungen entlarvt werden

Aus den bisherigen Überlegungen ergibt sich, dass der Evolutionsschritt der „Freischaltung des Gehirns" dazu geführt hat, die Menschen in die Lage zu versetzen, sich selbst und ihre Sinneswahrnehmungen zu analysieren und dabei gleichzeitig sowohl objektive als auch subjektive Beurteilungskriterien anzuwenden. Wie man es an sich selbst und an anderen Menschen täglich beobachten kann, ist der Mensch fähig, seine Gedanken, Sinneswahrnehmungen und Entscheidungen so zu nutzen bzw. zu steuern, dass er damit ein Höchstmaß an Befriedigung seiner materiellen und immateriellen Bedürfnisse erzielen kann. Insbesondere kann der Mensch die Fähigkeit entwickeln, Macht über andere Menschen und über Tiere zu gewinnen und kann offenbar auch damit den Grad der Befriedigung seiner Bedürfnisse steigern. Aufgrund der „Freischaltung des Gehirns" kann er sich in fast unbegrenztem Umfang Geschichten und Bilder ausdenken und vorstellen, die weit über das tatsächlich von ihm Beobachtete und sogar über das Beobachtbare hinausgehen. Ja, er scheint sogar eine besondere Vorliebe für solche Bilder und Texte zu haben, welche den rational nachvollziehbaren Rahmen übersteigen; ein Motiv hierfür dürfte wieder in seinem Hang zu finden sein, sich durch für andere Menschen nicht nachprüfbare Vorgänge in seinem „Kopf-Kino" profilieren zu können. Die „Freischaltung des Gehirns" war ohne Zweifel auch die Ursache für die bis in die heutige Zeit andauernden Machtkämpfe, die durch die vielfältigen Denkmodelle der Menschen ausgelöst wurden. Insbesondere konnten sich religiöse Denkmodelle durchsetzen, die mit Hilfe scheinbar „überirdisch" gesteuerter Aufträge die Schaffung von Ordnungssystemen bzw. Regeln und damit eine gewisse Disziplinierung der Menschen ermöglicht haben. Allerdings war und ist damit die Versuchung für bestimmte „Welterklärer" enorm groß, mit Hilfe dieser nicht nachprüfbaren Legitimation die Macht der religiösen Ordnungssysteme bisweilen über diejenige der weltlichen Systeme zu stellen.

Die rationalen Folgerungen aus den naturgegebenen Fakten ergeben sich damit wie folgt:

Das Universum wurde nicht von einem Gott in Menschengestalt „erschaffen", es ist nach einem kosmischen Gesetz „entstanden".

Wir wissen heute, dass unser Universum mit dem „Urknall" entstanden ist; wir wissen nicht, ob es vor diesem „Urknall" ein in sich zusammenstürzendes Vorgänger-Universum oder eine Kontraktion der vorher über den Raum verteilten Energie und Materie gegeben hat und wir wissen nicht, ob es neben unserem Universum weitere Universen gibt und, wenn es sie gibt, wie sie entstanden sind. Aber auch unsere noch unvollständigen Erkenntnisse über eine mögliche Vorgeschichte des „Urknalls" lassen den sicheren Schluss zu, dass an diesem Vorgang kein irgendwie materialisiertes Wesen – wie z.B. ein Gott in Menschengestalt - beteiligt sein konnte, welches nicht durch dieses Ereignis atomisiert bzw. in Energie umgewandelt worden wäre. Der „Urknall" kann damit nur die Konsequenz aus einem Naturgesetz sein, dessen formelmäßige Beschreibung dem Menschen bis heute nicht gelungen ist und vielleicht auch nicht ohne weiteren Evolutionsschritt im menschlichen Gehirn gelingen wird. Auch dann, wenn man dieses heute noch unbekannte Naturgesetz als „Gott" bezeichnen würde, können die in der Genesis beschriebenen „Schöpfungshandlungen" nicht nachvollzogen werden; sie bleiben also Beschreibungen von Ereignissen, die ausschließlich der Phantasie ihrer Erzähler entstammen können und damit nicht geeignet sind, als Basis für eine glaubwürdige Welterklärung zu dienen.

Der Sinn des Universums ist für den Menschen in seiner heutigen Evolutionsstufe nicht erschließbar

Wenn und solange wir das angesprochene Naturgesetz,

welches für die Entstehung des Universums (bzw. der Universen?) verantwortlich ist, nicht entschlüsseln und beschreiben können, wird sich auch die Frage nach dem Sinn des Universums nicht abschließend beantworten lassen. Wenn man versucht, die verschiedenen denkbaren Zustände des Universums von einem theoretischen Standpunkt außerhalb des Universums zu beobachten, könnte man zu dem Ergebnis kommen, dass es sich bei diesem Vorgang um ein gigantisches „Spiel" handelt, bei dem sich Materie- und Energiezustände nach einem strengen (uns aber noch nicht vollständig bekannten) Naturgesetz gegenseitig abwechseln bzw. ergänzen. Da unser Leben zweifellos eng mit der Existenz unseres Universums verbunden ist bzw. eine verschwindend kleine Komponente der kosmischen Wirklichkeit ist, wird sich damit die allgemeine Antwort auf die Frage nach dem Sinn des Lebens nur auf das tatsächlich Beobachtbare, also die Fortpflanzung bzw. Arterhaltung beschränken müssen, die wir mit den (anderen) Tieren teilen. Für den einzelnen Menschen bleibt jedoch ein fast unbegrenzter Freiraum, sein Leben mit Inhalten zu füllen. Hierauf soll an geeigneter Stelle noch eingegangen werden.

Weder die Erde noch das Sonnensystem spielen im Universum eine bedeutende Rolle

Die Sonne ist ein vergleichsweise kleiner Stern in einem der vielen Seitenarme der Milchstraße, die keine strukturellen Besonderheiten aufweist. Die Erde ist ein eher kleinerer von den acht Planeten des Sonnensystems; ihr wenig schwankender Abstand vom extrem lebensfeindlichen „offenen Atommeiler" Sonne war aufgrund seiner Entstehungsgeschichte bzw. seiner Masse zufällig gut geeignet, Lebewesen in der uns bekannten Form zu ermöglichen. Wegen des durch die Umwandlung in Strahlungsenergie verursachten ständigen Masseverlustes der Sonne wird deren Anziehungskraft auf die Erde allmählich geringer; damit wird der Abstand der Erde von der Sonne ständig größer. Schon bei einer – erst in Millionen von Jahren zu erwartenden – Zunahme der Entfernung der Erde von der Sonne um 10 % wird die auf der Erde ankommende Strahlungsenergie um fast 25 % geringer sein als heute. Dies wird für den Menschen und die meisten anderen Lebewesen auf der Erde bereits den sicheren Kältetod bedeuten, wenn sich der Mensch nicht andere Energiequellen erschließen kann. Bei einer weiteren Abkühlung würden auch die heftigsten Evolutionsschritte das Erlöschen des Lebens auf der Erde nicht verhindern können. Damit wird die Erde im Laufe der Zeit ihre „Sonderstellung" als Träger von denkenden biologischen Lebewesen verlieren, die sie dann – gemessen an ihrem Alter - nur in einer vergleichsweise kurzen Periode innehatte. Ganz nebenbei wird sich bei diesem Abkühlungsprozess auch die Suche nach Antworten auf die Kernfragen des Lebens von selbst erledigen.

Alle Lebewesen, die diesen Abkühlungsprozess und andere kosmische Attacken (durch Kometen oder frei vagabundierende Himmelskörper) überstehen, werden in spätestens ca. 5 Mrd. Jahren den Wärmetod erleiden, da dann die Sonne in einer relativ kurzen „Endperiode" verglühen wird.

Der Temperaturtod ist jedoch nur eine der denkbaren Beendigungen des menschlichen Lebens auf der Erde. Eine in wesentlich kürzerer Frist eintretende Beseitigung des „Konstruktionsfehlers" Mensch wird voraussichtlich von ihm selbst ausgehen, da er schon jetzt im Begriff ist, seinen Planeten unbewohnbar zu machen. Das dem Menschen hierfür zur Verfügung stehende Instrumentarium ist beträchtlich und zuverlässig wirksam; es reicht von Massenvernichtungswaffen in den Händen geistig gestörter Machtmenschen, die offenbar nicht realisieren, dass sie bereits den ersten Versuch mit ihrem Leben (und dem ihres Volkes) bezahlen werden, über die rasch fortschreitende Verschmutzung der Meere, die Verseuchung des Trinkwassers, der Ackerböden und der Atemluft bis zur Zerstörung des Teils der Atmosphäre, der dafür sorgt, dass uns in erster Linie der lebensfördernde Teil der Sonnenstrahlen erreicht.

Der Mensch wurde nicht „erschaffen", er ist „entstanden".

Ebenso wie unser Universum nicht „erschaffen" wurde, wurde auch der Mensch nicht „erschaffen". Im Laufe der Ausdehnung des Universums nach dem Urknall sind Galaxien und innerhalb von diesen sind Sonnensysteme entstanden; mit einem dieser Sonnensysteme – nämlich dem unseren – ist die kleine Erde als Planet entstanden, dessen Abstand zur Sonne und dessen chemische Zusammensetzung seiner Oberfläche es begünstigt haben, dass biologische Strukturen auf der Erde entstanden sind. Im Laufe von Milliarden Jahren haben sich diese Lebewesen ständig so an ihre sich ändernde Umwelt angepasst, dass dabei immer wieder neue Arten entstanden sind, die hinsichtlich ihrer Überlebensfähigkeit ihren Vorgänger-Arten überlegen waren, welche auch deswegen häufig ausgestorben sind. Dabei haben sich ständige Weiterentwicklungen der biologischen Systeme ergeben, die schließlich auch Primaten - also menschenähnliche Tiere – haben entstehen lassen. Bei bestimmten Primatenarten hat sich erst vor etwa 300.000 Jahren als weitere Antwort auf die Anforderungen der Umwelt eine Erweiterung des frei verfügbaren Teils des Gehirns und bestimmter Gehirnfunktionen ergeben, die hier kurz als „Freischaltung des Gehirns" bezeichnet wird; seitdem ist es dieser „speziellen Tierart" Mensch möglich, über sich selbst nachzudenken und Phantasiebilder zu entwickeln. Mit genau diesem Prozess der

„Freischaltung" bestehender bzw. der Hinzufügung neuer Segmente des Gehirns und des Nervensystems ist der Mensch entstanden; ein eigener Schöpfungsvorgang war dafür nicht erforderlich.

Soweit wir heute wissen, ist der Evolutionsschritt der „Freischaltung des Gehirns" an verschiedenen Stellen der Erde zu unterschiedlichen Zeitpunkten und – abhängig von der jeweils betroffen Primatenart – in unterschiedlichem Tempo von statten gegangen. Ein „erster Mensch" oder ein „erstes Menschenpaar" entsprechend den biblischen Vorstellungen kann es daher nicht gegeben haben. Im Übrigen fehlt es auch an glaubwürdigen Beweisen, Indizien oder gar Augenzeugen. Damit wird erneut deutlich, dass die Geschichte von Adam und Eva ausschließlich von phantasiebegabten Erzählern erfunden wurde. Insbesondere der „Sündenfall" hat nicht in der dort geschilderten Weise stattgefunden. Die gesamten „Sündentheologien" sind also tatsächlich das Resultat bzw. die Folgerung aus einer Falschmeldung, welche die phantasiebegabten Erzähler der zweiten Version der Schöpfungsgeschichte gezielt formuliert haben; ob sie sich der Tragweite ihres Handelns bewusst waren, werden wir nie erfahren. Da es – wie bereits festgestellt – ohne Sündenfall keines Erlösers bedarf, sind alle Geschichten des neuen Testaments – auch die betörend schönen – stark von der Phantasie einfallsreicher Erzähler geprägt worden. Dies gilt natürlich auch für den angeblichen „Fels", auf dem die römisch-katholische Kirche errichtet wurde.

Der Mensch war nie unsterblich und wird es nie sein.

Genau wie seine Primaten-Vorfahren und genau wie alle anderen Lebewesen ist der Mensch lediglich ein Glied in der langen Kette aus seinen Vorfahren und seinen (möglichen) Nachfahren; er wird als Kind seiner Eltern geboren und hat – wenn er nicht vorher stirbt - die Möglichkeit, seine Gene an seine Kinder weiterzugeben, die dann wieder im Fortpflanzungsprozess mit den Genen eines Partners zu einem neuen Gen-Satz verschmolzen werden. Nach der von der Evolution vorgegebenen Aufgabe der „Aufzucht" überlebensfähiger Kinder – die „notfalls" auch von anderen Menschen übernommen werden kann - ist seine biologische bzw. evolutionäre Aufgabe erfüllt und er bleibt als in der Regel langsam absterbende Hülle erhalten, bis er schließlich - wie alle anderen Lebewesen auch - stirbt; dieser nüchterne Prozess ist die Folge eines universellen Naturgesetzes und nicht – wie es in der zweiten Version der Schöpfungsgeschichte zu Unrecht von den phantasiebegabten Erzählern behauptet wird - die göttliche Strafe für einen irgendwie gearteten Ungehorsam. Lediglich im Weiterleben der Gene könnte man eine Art Fortführung des Lebens sehen; durch die Verschmelzung mit einem anderen Gen-Satz entsteht aber ein völlig neuer Mensch, wenngleich er in einzelnen Ausprägungen Ähnlichkeiten mit seinen Eltern haben kann.

Mann und Frau bilden ein duales, sich gegenseitig ergänzendes System

Auch das biologische Prinzip der Rollenverteilung von Mann und Frau zur Arterhaltung hat der Mensch von den Primaten übernommen. Die körperliche Überlegenheit männlicher Menschen gegenüber weiblichen Menschen wurde und wird von den männlichen Menschen gern als Indiz für eine vorrangige Stellung des Mannes interpretiert; durch die inzwischen zweifelsfrei feststellbare Folge aus der „Freischaltung des Gehirns" sind die weiblichen Menschen jedoch in ihren geistigen Fähigkeiten nicht geringer ausgestattet als die männlichen Menschen. Bis auf die Muskelkraft sind sie in vielen körperlichen Gegebenheiten gegenüber den männlichen Menschen sogar eher im Vorteil: Männliche wie weibliche Embryonen des Menschen sind in den ersten sechs Wochen ihrer Entwicklung nicht voneinander zu unterscheiden. Beide haben ein Paar noch unreifer Keimdrüsen und zwei einfache Kanalsysteme, aus denen sich erst später die unterschiedlichen Geschlechtsorgane entwickeln können. Erst wenn in der siebten Schwangerschaftswoche das SRY-Gen auf dem Y-

Chromosom für ein paar Stunden aktiviert wird, entsteht aus dem Embryo ein Mann. Falls dabei Störungen auftreten, lässt der Körper weiterhin das Standardprogramm „weiblich" laufen, trotz XY-Ausstattung. In diesem Sinne wäre also der Mann der „Sonderweg", nicht die Frau. Schließlich hat der Mann in der Regel ein schwächeres Immunsystem und eine geringere Lebenserwartung als die Frau. Schon die Überlebensrate weiblicher Föten liegt deutlich höher als die der männlichen. Die Geburtenraten der männlichen Menschen liegen etwas über denen der weiblichen; es ist zu vermuten, dass dies von der Natur als Ausgleich für die geringere Widerstandskraft des männlichen Organismus eingerichtet wurde.

Der besondere Liebreiz, den die weiblichen Menschen auf die männlichen ausüben, kann nur ein von der Natur bzw. der Evolution entwickelter Anreiz zur Fortpflanzung sein, an dessen Entstehung die Frau nicht beteiligt und schon gar nicht „schuld" war.

Schließlich trägt jeder Mensch zu gleichen Teilen die DNA eines Mannes und einer Frau – nämlich seines Vaters und seiner Mutter – in sich; eine irgendwie geartete Dominanz lässt sich damit nicht begründen. Was bleibt, ist die Tatsache, dass der Mann im Durchschnitt über höhere Körperkräfte verfügt als die

Frau. Auch daraus kann nicht eine generelle Höherrangigkeit des Mannes hergeleitet werden; andernfalls müsste es auch zwischen körperlich stärkeren und körperlich schwächeren Menschen unabhängig vom Geschlecht eine Höherrangigkeit geben, was schon in Anbetracht der Tatsache nicht der Fall sein kann, dass es viele andere Unterscheidungsmerkmale der Menschen gibt, die mindestens in gleichem Umfang zu einer Höherstufung geeignet wären wie die Körperkraft, nämlich z.B. geistige Fähigkeiten, Wissen, Charaktereigenschaften, Seniorität und vieles mehr. Auch die unterschiedlichen Formen der körperlichen Betätigung lassen nicht den Schluss auf eine generelle Überlegenheit des körperlich kräftigeren Menschen zu. Schließlich steht der im Durchschnitt zu beobachtenden körperlichen Überlegenheit des Mannes die Tatsache gegenüber, dass die Frau die Hauptlast der Fortpflanzung zu tragen hat.

Die Fähigkeit und die Bereitschaft zur Sünde sind mit der „Freischaltung des Gehirns" im Menschen entstanden.

Die mit der Entstehung des Menschen einhergehende „Freischaltung des Gehirns" hatte zur Folge, dass die „frei belegbaren" Teile des Gehirns bzw. des Nervensystems so deutlich anwuchsen, dass es dem Menschen möglich wurde, viele Wahrnehmungen zu speichern und in fast beliebiger Weise miteinander in

Verbindung zu bringen. Die Wirkung dieser „Freischaltung" wurde noch dadurch unterstützt, dass vorher „fest programmierte" Bereiche des Nervensystems zurückgedrängt bzw. ebenfalls freigeschaltet wurden. Das Ergebnis war eine schier grenzenlose Fähigkeit zum Denken und damit auch zum Ausdenken phantasievoller Geschichten. Da bei diesem Prozess auch viele der vorher zur Vermeidung von Handlungsfehlern „gesperrte" Bereiche bzw. Instinkte außer Kraft gesetzt wurden, ergab sich daraus die grundsätzliche Fähigkeit des Menschen zur Sündhaftigkeit und – Hand in Hand – die bisweilen fast unbegrenzte Bereitschaft des Menschen zum Begehen von Sünden. Eine entsprechende Entwicklung der Fähigkeit zu „gutem" Denken und Handeln hat sich sicher parallel hierzu ergeben. Letztere Fähigkeit ist aber, wenn es sich um auch von anderen Menschen als „gut" empfundenes Denken und Handeln und nicht nur um „gut gemeintes" dreht, keine Erscheinung, die mit Gesetzen oder Verhaltensvorschriften reglementiert werden müsste.

Die Begriffe „gut", „böse" und „sündig" dürften nicht eindeutig definierbar sein; sie können in Abhängigkeit von den aktuell gelebten Gesellschaftsnormen mit unterschiedlichen Inhalten versehen sein. Selbst die schriftlich niedergelegten Rechtsnormen der verschiedenen politischen Einheiten der Erdbevölkerung weisen mehr oder weniger starke Abweichungen voneinander auf. Hinzu kommt die Tatsache, dass das individuelle Rechtsempfinden und die praktizierten Rechtsfindungswege durch ideologische und religiöse Erklärungsmodelle überlagert und beeinflusst werden, sodass nicht von einer allgemein gültigen Interpretation der Begriffe „gut", „böse" und „sündig" ausgegangen werden kann. Fest steht lediglich, dass die Fähigkeit „gut" oder „böse" zu sein und die Bereitschaft zur Sünde im Rahmen der „Freischaltung des Gehirns" entstanden und nicht durch den fiktiven „Sündenfall" eines von phantasiebegabten Erzählern erfundenen ersten Menschenpaares. Mit der durch die „Freischaltung des Gehirns" ermöglichten Verknüpfung des Denkens mit den Trieben oder auch der Beherrschung des Denkens durch die Triebe kann die Frage „wie kam die Sünde in den Menschen" ausreichend plausibel beantwortet werden.

Da die „Sünde" damit nicht durch die Schuld des Menschen selbst in ihn gelangt ist, haben alle Sündentheologien und insbesondere die sich darauf aufbauenden Religionen ihr Fundament verloren.

Die „Freischaltung des Gehirns" ermöglicht theoretisch jedem einzelnen Menschen ein eigenes Denkmodell

Wenn man für den Aufbau eines Erklärungsmodells

auch solche Elemente zulässt, die ausschließlich der Phantasie der Menschen entstammen, kann man theoretisch für jeden Menschen ein eigenes Erklärungsmodell formulieren. Bisher wurde dies erfolgreich dadurch verhindert, dass die tradierten Erklärungsmodelle jeweils mehr oder weniger „mit der Muttermilch" bzw. durch die Überzeugungen der Vorgängergeneration auf die neue Generation übertragen wurden. Wenn man dagegen für den Aufbau eines Erklärungsmodells nur diejenigen Elemente zulässt, die sich rational begründen lassen, wird die Auswahl so stark eingeschränkt, dass am Ende nur ein Basismodell übrig bleibt, das vom einzelnen Menschen nach seinen Vorstellungen und Intentionen zu einem Individualmodell vervollständigt werden kann. Dies würde aber voraussetzen, dass die Menschen dazu bereit und in der Lage wären, ihren Nachkommen den Aufbau eines Individualmodells zu ermöglichen. Die Geschichte der Menschheit lehrt uns aber, dass dies eine Hoffnung ist, die sich voraussichtlich nicht erfüllen wird.

Die „Seele" des Menschen ist nicht unsterblich.

Wie wir bereits diskutiert bzw. festgestellt haben, gibt es keine einheitliche oder gar allgemein anerkannte Definition der „Seele". Für unsere weiteren Überlegungen soll deshalb der Einfachheit halber davon ausgegangen werden, dass jeder Mensch (oder gar jedes Lebewesen ?) mit einer „Seele" ausgestattet ist. Falls diese „Seele" – wie oft angenommen wurde und wird – mit spezifischen Informationen über den sie tragenden Menschen ausgestattet ist, muss auch für sie das unter den naturgegebenen Fakten angesprochene Prinzip der absoluten Abhängigkeit von dem sie tragenden Organismus und damit vom Energiehaushalt ihres „Trägers" gelten. Man kann deshalb streng folgern, dass eine derartige Seele „stirbt", wenn ihr Träger stirbt, spätestens dann, wenn sein Energiehaushalt erlischt. Den großen griechischen Philosophen Platon und Sokrates und insbesondere den von ihren Gedanken stark beeindruckten Zuhörern war das natürlich nicht bekannt; diese Philosophen konnten also ihrer selbstverliebten Phantasie freien Raum lassen. Auch Paulus und die ersten Kirchenväter konnten dies nicht wissen, als sie die Idee von der „unsterblichen Seele" in ihr Erklärungsmodell aufnahmen.

Aus der Tatsache, dass „die Seele" eines Menschen zwangsläufig mit ihm stirbt folgt, dass sie nur dann in einem anderen Menschen „weiterleben" könnte, wenn eine irgendwie geartete „Transplantation" einer „lebenden" Seele auf einen anderen Menschen gelingen könnte. Die „Transplantation" einer materiellen Seele auf ein anderes nicht-menschliches Lebewesen wird in jedem Fall an der Nicht-Kompatibilität der biologischen bzw. genetischen Systeme scheitern. Die entsprechenden Folgerungen gelten natürlich auch für den umgekehrten Weg. Auch der von einigen Denkern vorgeschlagene Weg über eine „immaterielle" Seele führt nicht weiter, da diese mangels Materie oder Energiezufuhr keine Informationen tragen könnte und damit insbesondere für die Weitergabe von Informationen wertlos wäre.

Die Sache mit der „Seelenwanderung" ist also auch eine der vielen Phantasiegeschichten von Welterklärern.

Der Mensch kann nicht „wiedergeboren" werden

Auch die „Wiedergeburt" oder „Reinkarnation" eines Menschen ist schon deshalb eine unzutreffende Phantasievorstellung, weil das „erneute" Leben eines Menschen nur mit denselben Genen geschehen könnte, wie sie im „ersten Leben" vorhanden waren. Eine identische DNA- bzw. Gen-Zusammensetzung ist jedoch nur bei eineiigen Zwillingen (oder Mehrlingen) denkbar; bereits für zweieiige Zwillinge und für nacheinander geborene Kinder eines Elternpaares und insbesondere für Kinder mit verschiedenen Elternpaaren ist eine identische DNA- oder Gen-Zusammensetzung völlig auszuschließen. Schließlich ist die den individuellen Menschen offenbar charakterisierende „Seele" aus „dem ersten Leben" - wie vorher ausgeführt – bereits gestorben und steht damit für ein „zweites Leben" nicht mehr zur Verfügung. Damit ist auch diese Vorstellung das Ergebnis menschlicher Phantasie.

Es gibt keine Rückkehr in einen früheren Zustand

Schließlich gibt es bisweilen noch die Phantasievorstellung, dass ein Mensch in einen früheren Zustand zurückversetzt werden kann. Die raue Wirklichkeit besteht aber darin, dass es für unser Universum keinen Zustand geben kann, in den es zu einem späteren Zeitpunkt wieder gelangen kann. Und, da der Mensch ein (unbedeutender) Teil des Universums ist, kann es für ihn keine Ausnahme geben. Die vielleicht reizvolle Vorstellung mancher Mythen und Religionen (z.B. Maya-Mythos, Hinduismus, Buddhismus), dass „die Welt" ähnlich wie ein Rad wiederkehrend in bereits vorher erreichte Zustände gelangt, ist deshalb leider auch nicht mit der kosmischen Wirklichkeit vereinbar.

Es gibt keine zwei Menschen, die identisch denken

Die Gehirnstruktur des Menschen hat sich im Ablauf der Evolution aus der „Freischaltung des Gehirns" entwickelt; die konkrete Ausbildung der individuellen Fähigkeiten eines Gehirns hat sich aus der Kombination aus den zwangsläufig unterschiedlichen elterlichen

Genen ergeben und wird durch die Erfahrungen des heranwachsenden Menschen in individueller Weise vervollständigt. Dies gilt selbst dann, wenn zwei Menschen als eineiige Zwillinge (oder eineiige Mehrlinge) geboren werden. Daraus ergibt sich, dass es niemals zwei menschliche Gehirne gegeben hat bzw. geben wird, deren Denkabläufe identisch sind. Die z.B. von unserem erfolgreichen zeitgenössischen Philosophen Richard David Precht mit großer Überzeugungskraft geäußerte Meinung „Lesen ist denken mit einem fremden Gehirn" trifft also leider nicht ganz zu; die logisch korrekte Aussage kann bestenfalls lauten: „Lesen ist, seine Gedanken von einem fremden Gehirn leiten zu lassen".

Der einzige Stern, der die Menschen nachhaltig beeinflusst, ist die Sonne

Alles Leben auf der Erde - und damit auch das menschliche Leben - ist mit Hilfe des Sonnenlichts entstanden. Die Rotation der Erde um eine schräg gestellte Achse und ihre elliptische Umlaufbahn um die Sonne steuern den Bio-Rhythmus des Lebens durch den sich im Laufe eines Umlaufs der Erde um die Sonne, also eines Kalenderjahres, verändernden Wechsel von Tag und Nacht und durch die entsprechenden Aufwärm- und Abkühlungsphasen, die sich - je nach geographischer Lage auf der Erde - unterschiedlich auswirken. Es kann nicht ausgeschlossen werden, dass der Zeitpunkt und vielleicht auch der geografische Ort der Geburt eines Menschen einen gewissen Einfluss auf die Entwicklung der individuellen Psyche hat, da es denkbar ist, dass sowohl das Kind im Mutterleib als auch der neugeborene Mensch in den ersten Lebensmonaten oder Lebensjahren auf die jahreszeitlich und geographisch verschiedenen Gegebenheiten reagiert. Ein wissenschaftlich gesicherter Zusammenhang zwischen dem Zeitpunkt der Geburt und der individuellen Entwicklung bzw. Ausprägung eines Menschen ist aber bis heute nicht bekannt. Die Annahme der Astrologen, dass es hier eine enge Verbindung gibt, die es erlaubt, Menschen nach ihrem Geburtszeitpunkt zu kategorisieren und sogar ihre Zukunft vorauszusagen („Geburtshoroskop"), gehört zu den besonders hartnäckigen Falschmeldungen der Menschheitsgeschichte, die - wie der biblische Sündenfall - auch heute noch von vielen Menschen als zutreffend empfunden werden.

Die mit viel Phantasie von Astrologen auf ihre Auswirkungen auf den Menschen hin „interpretierten" Sternbilder sind ausschließlich als Veranschaulichung der Position der Erde auf ihrer Umlaufbahn um die Sonne verwendbar; weitere Informationen können diesen „Bildern" nicht entnommen werden, da sie aus Sternen bestehen, die tatsächlich extrem weit voneinander entfernt sind und natürlich nicht auf der virtuellen Ebene liegen, die der Mensch aus seiner speziellen Position in der Milchstraße wahrnimmt. Von jedem einzelnen der schätzungsweise 600 Milliarden „erd-ähnlicher" Planeten der Milchstraße aus ergibt sich nämlich ein eigenes Bild von den übrigen Sternen, das ebenso phantasievoll interpretiert werden könnte. Welches der 600 Milliarden „Sternbilder" wäre wohl das zutreffende bzw. das glaubwürdigste? Und was wäre mit den Sternbildern in anderen Galaxien?

Noch eine Gruppe von Menschen muss leider enttäuscht werden: Diejenigen, welche glauben, dass auch andere Sterne – außer der Sonne – einen wahrnehmbaren Einfluss auf das einzelne menschliche Schicksal ausüben können. Der uns am nächsten liegende Stern „Proxima Centauri" hat einen Abstand von der Erde, der 268.000 mal so groß ist, wie der Abstand zwischen der Erde und der Sonne. Da die Gravitationskraft zwischen zwei Himmelskörpern mit dem Quadrat des Abstandes zwischen ihnen abnimmt, ist die Gravitationswirkung dieses Sterns und insbesondere aller weiter entfernten Sterne auf die Erde und damit auf den Menschen praktisch gleich Null. Noch weit geringer ist die Wirkung der von diesem und anderen Sternen auf der Erde ankommenden elektromagnetischen Strahlung, da diese sich mit der dritten Potenz des Abstandes vermindert.

Diese dramatische Wirkungsarmut gilt sogar für die

Planeten des Sonnensystems. Während wir die Gravitationskraft des Mondes auf die Erde – z.B. in Form der Meeresgezeiten - noch vergleichsweise deutlich wahrnehmen können, beträgt die Gravitationskraft des unserer Erde am nächsten liegenden Planeten Venus auf die Erde bei größter Nähe zur Erde nur ca. 0,5 % der Gravitationskraft des Mondes; die Gravitationskraft des Planeten Venus auf einen Menschen liegt damit bei weniger als 0,1 Promille der Gravitationskraft des Mondes auf einen Menschen. Damit ist neben der Sonne der Mond der einzige Himmelskörper, der einen nicht vernachlässigbaren Einfluss auf den Menschen ausüben kann.

Weniger nüchtern könnte man die für das Leben des Menschen wirksamen Eigenschaften der Sonne z.B. wie folgt charakterisieren:

Die Sonne

- hat die Entstehung des Menschen ermöglicht

- bestimmt den Bio-Rhythmus des Menschen

- deckt (direkt oder indirekt) den Energiebedarf des

  Menschen

- ist stets anwesend, verlässlich und berechenbar.

Obwohl die Sonne tatsächlich „nur" ein offener Kernfusionsreaktor ist, der – begrenzt auf einen vergleichsweise engen Korridor um den Abstand zwischen Erde und Sonne - die Entstehung biologischen Lebens ermöglicht hat, verfügt sie damit über beeindruckende Eigenschaften, die deutlich über die dem biblischen Schöpfergott zugeschriebenen Fähigkeiten hinausgehen. Möglicherweise ist sie deshalb von einigen Welterklärern als „göttlich" empfunden worden:

Im alten Ägypten war die Sonne als „Ra" oder „Re" lange Zeit oberste Gottheit. Unter dem Pharao Amenophis IV., besser bekannt als Echnaton (ca. 1351 bis 1334 v.u.Z.), war die Sonnenscheibe das Symbol des einen Gottes „Aton", der in dieser Zeit alle anderen ägyptischen Gottheiten ablöste; die damalige Hervorhebung der Sonne ist möglicherweise ein Ursprung des späteren Monotheismus.

In der Religion der Germanen galten die Sonnenfeste wie Mitsommerfest und Mitwinterfest als hohe Feiertage. In der nordischen Mythologie wurde die Sonne als Sonnengöttin "Sol" personifiziert.

In Griechenland wurde der Sonnengott „Helios" verehrt, der im Osten aus dem Meer auftauchte, über den Himmel wanderte und abends wieder im Meer versank.

Im Rom der Kaiserzeit war der Sonnengott „Sol Invictus" sehr angesehen. Der 25. Dezember wurde als Geburtstag des Sonnengottes gefeiert; die Festschreibung des Tages der Geburt Jesu auf den 25. Dezember geschah erst in der ersten Hälfte des 4. Jahrhunderts; der tatsächliche Tag der Geburt Jesu ist unbekannt.

Der Hauptgott der Azteken „Huitzilopochtli" war der Gott der Sonne und des Krieges. Anfang des 15. Jahrhunderts hatten religiös besessene „Welterklärer" eine Falschmeldung mit großer Tragweite verbreitet; sie behaupteten – obwohl die Sonne ihnen dazu keinen erkennbaren Anlass gegeben haben konnte - , dass das zuverlässige Erscheinen der Sonne nur durch umfangreiche Menschenopfer gesichert werden konnte, die von den Azteken dann auch erbracht wurden. Für den spanischen Eroberer Cortes war die Menschenopferreligion der Azteken eine willkommene Legitimation für die an Grausamkeit nicht nachstehende und zahlenmäßig weitaus größere Opfer fordernde Ausbreitung des Christentums in Mittelamerika.

Das Leben kann mit den bekannten Naturgesetzen erklärt werden

Aus dem vorstehenden Faktencheck und den von den Menschen erkennbaren Forderungen der Evolutionsgesetze ergeben sich völlig unspektakulär die folgenden phantasiefreien Antworten auf die Kernfragen des Lebens:

- Die Spezies Mensch ist aus einer langen Reihe von Evolutionsschritten aus anderen Lebewesen entstanden. Der einzelne Mensch ist aus der Verschmelzung einer Samenzelle seines Vaters mit einer Eizelle seiner Mutter entstanden; die Samenzelle und die Eizelle wären für sich allein jeweils untergegangen.

- Die biologische Aufgabe des einzelnen Menschen besteht darin, zur Erhaltung der Spezies Mensch dadurch beizutragen, dass er sich fortpflanzt und dafür sorgt, dass seine Nachkommen so heranwachsen können, dass auch sie ihre biologische Aufgabe erfüllen können.

- Der einzelne Mensch wird ohne bleibenden Rest vergehen und zwar unabhängig davon, ob er seine biologische Aufgabe erfüllen konnte oder nicht. Worte, Gedanken und Werke des einzelnen Menschen können erhalten bleiben, wenn er dies geeignet vorbereitet und die ihn überlebenden bzw. die nach ihm geborenen Menschen dies wollen und ermöglichen.

Eng verbunden mit diesen Antworten ist auch die Frage nach der Wertigkeit von Mann und Frau:

Die biologische Aufgabe des Menschen kann nur gemeinsam von Mann und Frau erfüllt werden; dabei ergänzen sich die unterschiedlichen körperlichen, mentalen und emotionalen Fähigkeiten von Männern und Frauen gegenseitig; die Rechtfertigung für eine gesellschaftliche Höherrangigkeit eines Geschlechts kann aus der naturgegebenen Aufgabenteilung nicht abgeleitet werden.

Diese an Fakten orientierten Sichtweisen entsprechen allerdings in keiner Weise dem in religiös bestimmten Erklärungsmodellen weit verbreiteten Selbstverständnis des Menschen, der sich viel lieber als bedeutsames Wesen in einer Umgebung sehen möchte, die durch die im Faktencheck bereits widerlegten Feststellungen gekennzeichnet wäre:

- Das Universum bildet die erhabene Kulisse für die das menschliche Leben tragende Erde

- Der Mensch wurde höchstpersönlich von einem Schöpfer des Universums erschaffen, der aussieht wie ein Mensch

- Der Mensch war nach seiner Erschaffung zunächst unsterblich

- Der Mann hat eine vorrangige Stellung gegenüber der Frau

- Der Mensch kann eine Vergebung seiner Sünden erlangen

- Der Mensch hat eine unsterbliche Seele

- Der Mensch kann in neuer Gestalt „wiedergeboren" werden

- Alle Zustände des Universums kehren wieder, dabei bleibt das grundsätzliche Ordnungssystem erhalten

- Alle Sterne – nicht nur die Sonne – und alle Planeten beeinflussen das Leben des Menschen.

Auf der Grundlage solcher Fehleinschätzungen war es zu allen Zeiten für selbsternannte oder auch anerkannte Welterklärer vergleichsweise einfach, unbewiesene bzw. nicht beweisbare Antworten auf die Kernfragen des Lebens und auf die Rangordnung zwischen den Geschlechtern anzubieten. Dessen ungeachtet werden es viele Menschen nur ungern akzeptieren, dass sich auch und insbesondere die am weitesten verbreiteten Weltreligionen auf der Grundlage unwahrer Behauptungen etabliert haben.

Obwohl es auf der Erde ein zunehmendes Menschengedränge gibt, muss das unbestimmbare „Jenseits" nach dem sich aus den Naturgesetzen ergebenden Erklärungsmodell ein ziemlich leerer Raum sein: Die (materiellen) „Seelen" aller verstorbenen Menschen sind bereits im „Diesseits" erloschen; der Schöpfergott in Menschengestalt hat nicht existiert oder er ist ein atomisierter bzw. entmaterialisierter Bestandteil des Universums, andere überirdische „Wesen" sind lediglich in der Phantasie der einzelnen Menschen vorhanden und das den Kosmos bestimmende Naturgesetz wirkt für den Menschen unsichtbar und ist für ihn – zumindest bis auf weiteres – nicht vollständig erklärbar.

Spätestens mit dem Aussterben der Menschheit werden sich alle phantasiebestimmten Erklärungsmodelle in Nichts auflösen; was bleiben wird, werden die von den Menschen für die Menschen unbewohnbar gemachte Erde und das von diesem Vorgang unbeeindruckte bzw. nicht tangierte Universum sein.

Ein Mensch, der nach reiflicher Überlegung zu dem Ergebnis gekommen ist, dass die vielen übernatürlichen Erklärungsmodelle lediglich tradierte Ergebnisse von phantasiebestimmten Vorgängen in menschlichen Kopf- oder Bauchkinos sein können, muss schon etwas Mut aufbringen, wenn er sich vor den vielen Menschen „outen" will, die sich nicht von der verführerischen Attraktivität übernatürlicher Erklärungsmodelle befreien können. Dieser Mensch läuft nämlich Gefahr, von den an einen Gott oder eine Wiedergeburt usw. glaubenden Menschen wie ein Aussätziger behandelt zu werden; schon der in „Gottesleugner" liegende Wortsinn des allgemein eher negativ belegten Ausdrucks „Atheist" zeigt, dass derjenige, der sich nicht den widerlegbaren Behauptungen der Erzähler der Schöpfungsberichte anschließen kann oder will, als Abtrünniger angesehen wird, der sich außerhalb der „ordentlichen" Gemeinschaft derer befindet, die glauben oder sich nicht entscheiden können, nicht zu glauben. Für die Unentschlossenen gibt es übrigens eine bemerkenswerte Überlegung von Blaise Pascal (1623 – 1662), die zeigt, wie man die Frage nach der Existenz des Schöpfergottes so behandeln kann, dass man „auf der sicheren Seite" bleibt: Pascal argumentiert, dass es besser sei, bedingungslos an Gott zu glauben, weil man nichts verlöre, wenn er nicht existiert, aber auf der sicheren Seite sei, wenn es doch einen Gott gibt.

In ernsthaften Gesprächen mit religiös orientierten Menschen über das frei von übernatürlichen Behauptungen formulierte Erklärungsmodell wird von denjenigen, die schon etwas zweifeln, regelmäßig eingewandt, dass die Hoffnung auf oder die Angst vor einer Belohnung bzw. Bestrafung nach dem Tode schon deswegen erforderlich oder zumindest nützlich sei, um das „Gute" im Menschen zu fördern und das „Böse" im Menschen zu bekämpfen. Leider wird diese Erwartung nicht durch die Erfahrungen aus der Menschheitsgeschichte bestätigt, in der es immer wieder Phasen gab, die von der nicht zu steigernden gegenseitigen Grausamkeit glaubensorientierter Menschengruppen zeugen. Der abendländische Höhepunkt solcher Auseinandersetzungen wurde im Dreißigjährigen Krieg erreicht, der nur beendet werden konnte, weil die zerstrittenen religiösen Parteien (beide auf der Grundlage des Christentums agierend) am Ende ihrer Kräfte waren und nicht, weil es eine Rückbesinnung auf das Jesus-Wort von der Nächstenliebe gegeben hätte. Es ist der durch diese totale Ermattung eingetretenen Ernüchterung und der sich anschließenden Aufklärung zu verdanken, dass es in Mitteleuropa nicht mehr zu einem Religionsstreit dieses Ausmaßes gekommen ist. Allerdings hat dies die Menschen nicht daran gehindert, aus anderen Gründen – ideologischen, rassistischen und materialistischen – ihre vermeintlichen Gegner zu quälen und millionenfach zu töten.

Wir erleben heute im Nahen Osten eine blutige Auseinandersetzung zwischen verschiedenen Richtungen des Islam, die etwas von der Grausamkeit des Dreißigjährigen Krieges erahnen lässt. Durch das teilweise undurchsichtige Eingreifen anderer global interessierter Mächte wird es aber eher unwahrscheinlich, dass die streitenden Parteien so an Kraft verlieren, dass sie - ähnlich wie 1648 - wegen gegenseitiger Erschöpfung zur Aufgabe der Kampfhandlungen gezwungen werden, da sie stets kurz vor diesem Zustand wohldosierte „Unterstützungen" von außen erhalten. Dadurch wird natürlich auch der Beginn einer nachhaltigen Ernüchterung und einer längst fälligen „Aufklärung" immer wieder vertagt.

Auch die häufig von Christen geäußerte Vermutung, dass eine von christlichen Grundwerten getragene Gesellschaft weniger „böse" ist als andere Gesellschaften, wird von der Statistik nicht bestätigt. Ein Blick auf die Anzahl der Gefängnisinsassen pro 1000 Einwohner in China und den USA zeigt ein völlig anderes Bild. In den christlich dominierten USA saßen nach dem „World Prison Brief" im Jahre 2016 ca. 5,6-mal so viele Menschen in Gefängnissen wie in dem eher atheistisch geprägten China. Obwohl diese statistischen Zahlen wegen der unterschiedlichen Rechtssysteme und der erheblich voneinander abweichenden ethischen Normen nur bedingt miteinander vergleichbar sind, ist dieses Ergebnis umso erstaunlicher, da man davon ausgehen kann, dass China eher als ausgeprägter Überwachungsstaat anzusehen ist und außerdem – oder gerade deswegen - über eine nicht geringe Zahl von politischen Häftlingen verfügt, die bei objektiver Betrachtung nicht unbedingt zu den Kriminellen gezählt werden können. Ein positiver Einfluss des in China wieder an Bedeutung gewinnenden Konfuzianismus auf die (nicht politische) Kriminalität kann dabei nur vermutet werden.

Unstreitig ist, dass Mythologien und Religionen in den verschiedenen Phasen der Menschheitsgeschichte wichtige Beiträge zur Schaffung stabiler gesellschaftlicher Ordnungssysteme und zur Disziplinierung der darin lebenden Menschen geleistet haben. Inzwischen verfügen aber die meisten Gesellschaftssysteme über Gesetze und Rechtsnormen, in denen die Rechte und Pflichten und die für erforderlich gehaltenen Sanktionen weitgehend festgeschrieben sind. Natürlich werden auch diese Ordnungssysteme mitunter stark von den religiösen Normen beeinflusst. Nur in wenigen Gesellschaften besteht eine tatsächliche Trennung zwischen Religionsgemeinschaften und dem Staat. Selbst in Deutschland ist die Trennung noch nicht ganz vollzogen, wie man schon an der engen Verflechtung im Bereich der Kirchensteuer und an der Existenz eines nicht mit dem bürgerlichen Recht übereinstimmenden Kirchenrechts erkennen kann. Ganz zu schweigen von den – immer deutlicher werdenden – rechtsfreien Räumen für pädophile Geistliche und ähnliche Erscheinungen. In Indien wird die Gesellschaft noch immer von einem aus europäischer Sicht höchst antiquierten und unsozialen Kastensystem bestimmt, das aber – wohl wegen der Akzeptanz der hinduistischen Normen durch die dort lebenden Menschen – erstaunlicherweise nicht zu einer auffallend hohen Kriminalität führt, wenn man einmal von der gesellschaftlichen und sexuellen Unterdrückung des weiblichen Geschlechts absieht. In den islamisch beeinflussten Staaten haben die seit fast 1400 Jahren im Koran festgeschriebenen Rechtsnormen noch immer eine enorme Bedeutung für das tägliche Leben der Menschen, obwohl sie in vielen Bereichen den heute zumindest auf internationaler Ebene anerkannten Menschenrechten und der Gleichbehandlung der Geschlechter heftig widersprechen.

Die weltweite Durchsetzung der Menschenrechte und –pflichten gegenüber antiquierten religiösen Normen liegt noch in weiter Ferne. Im Augenblick sieht es in bestimmten Gesellschaften eher nach einer Rückbesinnung auf religiös geprägte Gesellschafts-normen aus. So ist in der Türkei ein allmähliches Abrücken von der mühsam erreichten Trennung zwischen Staat und Religion zu beobachten; die

Beweggründe dafür sind durchsichtig: Mit Unterstützung religiös orientierter Gesellschaftskreise können Wahlergebnisse geeignet „gestaltet" werden.

Auch in Europa besteht bei bestimmten Politikern die Gefahr, diesem Reiz der Mehrheitsbeschaffung zu erliegen; die aktuellen Wahlergebnisse deuten allerdings darauf hin, dass hier eher eine abnehmende Tendenz zu erwarten ist. In dem durch den Kommunismus scheinbar atheistisch gewordenen China werden hingegen z.B. die Anhänger des Konfuzius immer einflussreicher. Das ehemals kommunistische Russland erlebt ein Wiedererstarken der russisch-orthodoxen Kirche; die wohlwollende Tolerierung durch die derzeit herrschenden Schichten dürfte auch hier an der Wahlurne honoriert werden. Dass auch die Präsidenten-Wahlen in den Vereinigten Staaten von Amerika von religiösen Orientierungen beeinflusst werden, kann vermutet werden. Diese Liste kann beliebig fortgesetzt werden, nicht viele Staaten in allen Kontinenten – auch nicht in Europa – sind davon ausgenommen.

In kritischen Gesprächen mit religiös orientierten Menschen weisen diese zur Rechtfertigung der religiösen Institutionen nachhaltig darauf hin, dass viele der kulturellen Errungenschaften der Menschheit in Dichtung und Musik, in den bildenden Künsten und in der Architektur durch die Kraft aus der Einschwörung auf ein bestimmtes religiöses Erklärungsmodell entstanden bzw. sogar erst ermöglicht wurde. Bei der Würdigung dieser Tatsache muss aber berücksichtigt werden, dass die meisten dieser Kunstwerke nicht oder nur zum geringen Teil auf die religiöse Begeisterung der ausführenden Künstler, sondern auf den materiellen Bedarf des einzelnen Künstlers an einem Beitrag zu seinem Lebensunterhalt zurückzuführen sind bzw. waren. Ob es im Einzelfall eine echte Begeisterung der zahlenden Glaubensanhänger an den teilweise unangemessen üppigen Aufträgen der jeweiligen religiösen Institutionen gegeben hat, wird sich nicht mehr feststellen lassen. Der Petersdom z.B. wurde als besonders imposantes Bauwerk von der römisch-katholischen Kirche errichtet und in erster Linie mit dem Erlös aus dem Ablass-Handel finanziert, der den hilflosen und verängstigten Gläubigen die Aussicht auf eine Verkürzung der Verweildauer ihrer Seele im Fegefeuer vorgaukelte. Das war ein einträgliches Geschäft mit der Angst der Gläubigen und nicht mit ihrer Bereitschaft zur Unterstützung der Kunst. Auch ohne religiöse Antriebe ist es möglich, beeindruckende Kulturgüter zu schaffen; man kann hier z.B. an einige der sieben Weltwunder der Antike oder an die vielen Burgen und Schlösser aus Mittelalter und Neuzeit denken. Ganz zu schweigen von den gigantischen Türmen und Hochhäusern aus der jüngsten Vergangenheit. Auch in der Literatur, der Musik und den bildenden Künsten sind gerade in jüngerer Zeit beindruckende Werke entstanden, die keine religiösen Motive beinhalten.

Die Befreiung der Menschen von dem Zwang, den Ausführungen eigennützig agierender Welterklärer zu folgen, sollte natürlich nicht dazu führen, ihre Fähigkeit zur Phantasie und damit zur Kreativität zu beschränken; es sollte vielmehr die Befreiung von Angst und Furcht vor Ereignissen angestrebt werden, die gar nicht stattfinden können, wie z.B. lange Höllenqualen oder „endlose" Wiedergeburten in leidvolle Formen des Lebens und es muss die Befreiung der Frauen von der Angst vor Männern erzielt werden, die sich im Besitz einer von Mythen und Religionen gestützten Vorrangstellung wähnen. Der Mensch sollte sich vielmehr vor denjenigen Mitmenschen fürchten, die sich nicht an die für ein allgemein akzeptables oder zumindest erträgliches Gemeinwesen erforderlichen Spielregeln halten und vor Naturkatastrophen, die es eben auf der Erde mit ihrer fragilen Kruste, ihrem glühenden Kern und ihrer stets in Bewegung befindlichen Wasser- und Luftmassen gibt und immer geben wird. Sein besonderes Augenmerk sollte der Mensch aber auf solche Naturkatastrophen legen, die aufgrund seines verantwortungslosen Verhaltens gegenüber der Umwelt entstanden sind bzw. entstehen werden; das könnte ihn vielleicht zu dem erforderlichen kollektiven Kraftakt zur Rettung seiner eigenen Lebensgrundlagen motivieren.

Die von den Menschen erschließbaren Gesetze der Evolution lassen keinen über die Arterhaltung hinausgehenden Sinn des Lebens erkennen. Es gibt den Menschen eben nicht, weil es für diese Existenz einen besonderen Sinn gibt, sondern weil er (zufällig) im Rahmen des Evolutionsprozesses entstanden ist. Trotzdem hat der einzelne Mensch auch in einem nicht von religiösen Phantasien geprägten Erklärungsmodell fast unbegrenzte Möglichkeiten, sein Leben mit besonderen Inhalten zu versehen:

Die Beschäftigung mit unserem Universum und insbesondere mit unserem Sonnensystem als Grundlage für das Leben auf der Erde könnte seine Sehnsucht nach der „Erhabenheit" zufrieden stellen und sein Ausweichen auf übernatürliche Erklärungselemente entbehrlich machen.

Die Beschäftigung mit der seit Milliarden Jahren wirkenden Evolution und den dabei entstandenen Lebewesen könnte seinen Bedarf an „Wundern" erfüllen und sein Verantwortungsgefühl für die Erhaltung aller Lebensgrundlagen für die erstaunlichen Ergebnisse der Evolution stärken.

Die Pflege und die Einhaltung der für ein faires Miteinander aller Menschen erforderlichen Menschenrechte und –pflichten würde es ermöglichen, seinen eigenen Anspruch auf faire Behandlung durch die anderen Menschen zu rechtfertigen.

Die Pflege und Vervollkommnung seiner körperlichen Fähigkeiten könnte der Erhaltung der Gesundheit und als Quelle der Energie und der inneren Erneuerung dienen.

Die intensive Weiterentwicklung seiner geistigen Fähigkeiten, seiner psychischen Kräfte und einer reversiblen Art zu kommunizieren, könnte seine Möglichkeiten für seine Selbstverwirklichung und die Pflege seiner Beziehungen zu anderen Menschen mit einer hohen Qualität versehen.

Die Begegnung mit der Literatur, der Musik und den bildenden Künsten könnten ihm besondere Wege zum Erleben anderer Denk- und Gefühlsmodelle erschließen.

Die aktive Förderung familiärer und freundschaftlicher Beziehungen kann als Grundlage für ein vertrauensvolles Miteinander und als Kraftquelle für ein solides Grundvertrauen dienen.

Die konstruktive Teilnahme an der Lösung gesellschaftlicher und nachbarlicher Probleme könnte viele Menschen ihrem Traum von der „Nächstenliebe näherbringen.

Falsche Welterklärungen fördern das Wachstum der Menschheit

Wenn man die Kernfrage des Lebens „wohin gehst du" nicht nur auf sich selbst bzw. auf einen einzelnen Menschen bezieht, sondern als Frage „wohin gehen wir" auf die Menschheit erweitert, ergibt sich aus der auch weiterhin zu erwartenden dynamischen Entwicklung der Weltbevölkerung eine bedrückende Erkenntnis:

Die entscheidende Einflussgröße für die Zukunft der Menschheit ist der Mensch selbst; ohne ihn gäbe es keine Umweltprobleme! Ohne den Menschen würde ausschließlich das naturgegebene Weltklima die Flora und die Fauna auf der Erde bestimmen. Mit der Entstehung des Menschen nach fast 3,5 Milliarden Jahren der Evolution hat sich eine völlig neue Situation ergeben; der Mensch beeinflusst seitdem das Weltklima und damit seine eigenen Lebensgrundlagen und die der anderen Lebewesen nachhaltig. Und: Dieser Einfluss des Menschen auf seine Lebensgrundlagen und auf die Ressourcen der Erde wächst sowohl mit der Zahl der auf der Erde lebenden Menschen als auch mit ihrem ständig wachsenden Konsum.

Die oft in Publikationen und Talkshows mit „Ist die Erde noch zu retten?" behandelte Frage ist tatsächlich unkorrekt gestellt: Die Erde als Himmelskörper ist in ihrem Bestand nicht wirklich durch den Menschen gefährdet, sie wird mit oder ohne den Menschen voraussichtlich noch so lange bestehen, bis sie im Zuge des Verglühens der Sonne - also in etwa 5 Mrd. Jahren - oder vorher durch ein anderes kosmisches Ereignis untergehen wird. Die korrekte Frage müsste vielmehr lauten: „Kann der Mensch die Menschheit vor sich selbst retten?"

Zu den Fakten:

Bei Beginn unserer Zeitrechnung gab es etwa 300 Millionen Menschen auf der Erde, im Jahre 1500 waren es ca. 500 Millionen Menschen; das entspricht einer durchschnittlichen Wachstumsrate von ca. 0,034 % pro Jahr. Bis zum Jahr 1900 wuchs die Weltbevölkerung mit einer durchschnittlichen Rate von ca. 0,3 % auf etwa 1,65 Milliarden an. In den letzten 120 Jahren ist die Weltbevölkerung dann mit einer durchschnittlichen Rate von ca. 1,3 % jährlich auf ca. 7,8 Milliarden Menschen gewachsen. Auch wenn man bis zum Jahre 2100 von einem sich allmählich auf Null vermindernden jährlichen Wachstum ausgeht, werden dann voraussichtlich fast 10,9 Milliarden Menschen – also ca. 40 % mehr als heute - die Erde bevölkern. (Detaillierte Zahlen zur bisherigen und zukünftigen Bevölkerungsentwicklung sind im Anhang dargestellt.)

Vor dem Hintergrund dieser Bevölkerungsentwicklung stellt sich die Frage:

„Wie viele Menschen können künftig - ohne zu hungern – von der Erde ernährt werden.‟

Der landwirtschaftlich nutzbare Teil der Erdoberfläche beträgt heute ca. 48.800 Millionen Hektar bzw. etwa 9,6 % der Erdoberfläche; auch wenn nach Schätzungen des Umweltbundesamts jährlich ca. 10 Millionen Hektar Ackerfläche durch zu intensive Bewirtschaftung zerstört werden, wird dies die nutzbare Fläche in den nächsten 80 Jahren nur um ca. 1,6 % vermindern. Der weitaus größere Einfluss auf den Verbrauch der Ressourcen wird sich in den nächsten Jahren aus dem steigenden Konsum einer wachsenden Weltbevölkerung und aus einem weltweit angestrebten Wirtschaftswachstum ergeben. Bei einem voraussichtlichen Wachstum der Weltbevölkerung bis zum Jahr 2100 um 40 % und bei einem angenommenen jährlichen Wirtschaftswachstum von nur 1 % ergibt sich insgesamt bereits eine Steigerung des Konsums auf das 3,1-fache; bei dem derzeit in Höhe von ca. 3 % anzunehmenden Wirtschaftswachstum wäre mit einer Konsumsteigerung auf das 14,9 – fache zu rechnen! Wenn man einmal von einer neueren - für die meisten Menschen eher unvorstellbaren - Idee absieht, dass Anbauflächen übereinander gestapelt werden könnten, verbleiben für die Erhöhung der Erträge nach heutigem Kenntnisstand in erster Linie die Maßnahmen der verstärkten Düngung, der Schädlingsbekämpfung mit chemischen Substanzen und der intensiveren Nutzung von

Genmanipulationen, die allerdings wegen ihrer noch nicht abschließend geklärten Auswirkungen auf die Menschen und alle anderen Lebewesen sehr umstritten sind. Bei einer ganzheitlichen Betrachtung müsste allerdings berücksichtigt werden, dass durch das überproportionale Anwachsen der von der Industrie kontaminierten Böden (insbesondere durch die künftig voraussichtlich erheblich anwachsende Produktion von Akkumulatoren für die Kraftfahrzeugproduktion), der von den Menschen produzierten Müllhalden und durch die fortschreitende Versiegelung von Bodenflächen mit Straßen und Parkplätzen eine zusätzliche Verminderung der landwirtschaftlich nutzbaren Flächen eintreten wird, die voraussichtlich nicht durch andere Maßnahmen kompensiert werden kann.

Das künftige Bevölkerungswachstum ist damit die immer noch viel zu selten offen angesprochene Hauptursache für die Bedrohung der Umwelt und wird in vergleichsweise geringem Umfang von einigen Ländern in Asien und Süd- bzw. Mittelamerika, im Wesentlichen aber (zu mehr als 95 %) von Afrika getragen werden. (Auch hierzu sind detaillierte Zahlen im Anhang dargestellt.) Anders als in Europa, in Nordamerika und in allen Industrieländern, in denen die Bevölkerungszahlen aufgrund der vergleichsweise geringen Geburtenraten eher rückläufig sind, wächst die Bevölkerung in den genannten Teilen der Erde – insbesondere in Afrika - offensichtlich unaufhaltsam weiter. Die Gründe hierfür sind zum Teil die gleichen, die auch in Europa in der Zeit vor der Industrialisierung zu einem erheblichen Bevölkerungswachstum führten. Es fehlt in den Ländern der „Dritten Welt" immer noch an sozialer und wirtschaftlicher Absicherung, wie Altersversorgung, Gesundheitsvorsorge und vor allem an Bildung. Eine hohe Anzahl von Kindern bedeutet für die dort lebenden Menschen eine zusätzliche Einnahmequelle und eine bessere Absicherung für die Zukunft. Kinder in der Dritten Welt besitzen noch immer eine große wirtschaftliche und gesellschaftliche Bedeutung. Insbesondere die Landwirtschaft und auch andere mit körperlicher Arbeit verbundene Tätigkeiten leben in diesen Gesellschaften in großem Umfang von Kinderarbeit. Dies bedeutet aber auch, dass gerade die ärmsten Menschen besonders viele Kinder haben, weil viele Kinder viel Arbeitskraft bedeuten, die einen spürbaren Beitrag zum Lebensunterhalt der ganzen Familie leisten kann. Die Hauptursachen für die auch weiterhin noch steigenden Bevölkerungszahlen in der Dritten Welt sind jedoch irrationale und egoistische Denk- und Verhaltensmuster wie religiöse Regeln, alte Traditionen und gesellschaftliches Ansehen. Kinder gelten als lebender Beweis für männliche Potenz und Prestige, je mehr Kinder, desto größer das Ansehen des Mannes. In vielen Entwicklungsländern ergibt sich insbesondere aus religiös geprägten Verhaltensnormen, dass Frauen und Mädchen nur eine untergeordnete Bedeutung in der Gesellschaft haben. Sie haben ihren

Männern zu gehorchen und dürfen außer Hausarbeit zu verrichten lediglich Kinder gebären. Die Entscheidungen werden – zumindest im Außenverhältnis - hauptsächlich von den Männern getroffen, nur sie verfügen in der Gesellschaft über die erforderlichen Rechte. Da häufig auch nur sie erben können, muss eine Familie mindestens einen Sohn haben, um weiter bestehen zu können. Das bedeutet, dass im Extremfall so viele Töchter geboren werden bis endlich ein Sohn – oft aber auch mehrere Söhne - zur Welt kommen.

Wie bisher zu beobachten war, haben die stets wiederkehrenden Naturkatastrophen wie Überschwemmungen, verdorbene Ernten, Pandemien, Epidemien und Hungersnöte und selbst umfangreiche kriegerische Auseinandersetzungen die hypertrophe Bevölkerungsentwicklung nicht verhindern können. Auch nicht besiegte Krankheiten wie HIV, die z.B. in Afrika weit verbreitet sind, können offenbar das Bevölkerungswachstum nicht nachhaltig verringern. Die zahlreichen Versuche, die Menschen über Verhütungsmaßnahmen aufzuklären, sind oft an den bereits erwähnten Verhaltensnormen, an der mangelnden Bildung und insbesondere an der grundsätzlichen Ablehnung von Verhütungsmaßnahmen durch religiöse Welterklärer gescheitert, die darin einen „unzulässigen" Eingriff in die jeweilige göttliche oder

kosmische Weltordnung ihrer Religionen sehen. Eine zentrale Rolle spielen dabei die verhütungsfeindlichen

Vorstellungen bestimmter Glaubensinstitutionen, insbesondere der römisch-katholischen Kirche.

Schließlich haben die Verfasser der Genesis ihrem „Schöpfergott" einen das Anwachsen der Menschheit beflügelnden Satz in den Mund gelegt:

„Seid fruchtbar und mehret euch".

Die fatalen Auswirkungen dieses spätestens seit der Zeitenwende unsinnig gewordenen Apells zeigen auch in diesem Punkt, dass die frühen Welterklärer recht sorglos mit Worten umgingen, deren Tragweite sie nicht zutreffend einschätzen konnten.

Dabei kommt den auf Religionen und anderen irrationalen bzw. abergläubischen Verhaltensnormen zurückzuführenden Einflüssen nur die Rolle eines nachhaltigen „Verstärkers" zu; die eigentliche Ursache für das hypertrophe Bevölkerungswachstum dürfte in der auch bei anderen Spezies zu beobachtenden „Überproduktion" zu finden sein, die offenbar von der Evolution zur Arterhaltung einer „wichtigen" Spezies so vorgesehen ist. Es ist übrigens interessant, dass insbesondere der Mensch von dieser „Überproduktion" lebt, da er praktisch seine komplette Ernährung dieser im gesamten Tier- und Pflanzenreich geltenden Gesetzmäßigkeit der Evolution zu verdanken hat.

Bevölkerungs- und Wirtschaftwachstum bedrohen die Umwelt

Wie bereits festgestellt wurde, wächst der Einfluss des Menschen auf seine Lebensgrundlagen und auf die Ressourcen der Erde mit der Zahl der auf der Erde lebenden Menschen und insbesondere mit deren ständig wachsenden Konsum.

Auch wenn es in einigen Jahrzenten gelingen würde, die Denk- und Verhaltensweisen der Menschen in den Entwicklungsländern so zu verändern, dass es dort – ebenso wie in den Industrieländern - kein Bevölkerungswachstum mehr gäbe, ist also wegen der allmählichen Angleichung des Verbrauchs an Rohstoffen und der Erzeugung von Emissionen der Entwicklungsländer an die Industrieländer auch weiterhin mit einem drastischen Anstieg der Umweltbelastung durch ein ständiges Wirtschaftswachstum zu rechnen. Damit wird sich für einen Großteil der Menschheit die bereits bestehende Knappheit an sauberem Trinkwasser, an reiner Luft, an Nahrungsmitteln, an Energie und an gesundheitlicher Versorgung auch bei einer stagnierenden Weltbevölkerung zunächst noch wesentlich verstärken. Wenn beispielsweise der in Afrika noch mit jährlich weniger als 0,4 Tonnen pro Kopf verursachte Ausstoß von Kohlendioxid innerhalb von 30 Jahren auf die heute als tragbar angesehenen 2 Tonnen ansteigen würde, wäre dies mit einer jährlichen Steigerung um 5,5 % verbunden; dies würde die aus einer theoretischen Stagnation der Bevölkerung in Afrika zu erwartenden Effekte bei weitem überkompensieren. Noch drastischer wäre es, wenn in Afrika der Ausstoß von Kohlendioxid auf die heute in Deutschland verursachten 9 Tonnen pro Kopf ansteigen würde, was einem jährlichen Anstieg um 10,9 % entsprechen würde!

Auch diejenigen Menschen, die den von der Menschheit - insbesondere durch die Verbrennung fossiler Brennstoffe – hervorgerufenen Ausstoß von Kohlendioxyd nicht als (mit-)ursächlich für den anhand exakter Messungen belegbaren Klimawandel akzeptieren wollen oder können, sollten einfach folgendes zur Kenntnis nehmen: Die Menschheit verbrennt derzeit pro Jahr so viel Kohlenstoff, wie in den letzten 300 bis 400 Millionen Jahren jeweils in einer Million Jahren in Form von fossilen Brennstoffen gebunden wurde. Man muss kein Naturwissenschaftler sein, um diesen gigantischen Einfluss als vom Menschen verursacht erkennen und akzeptieren zu können.

Dabei ist der vom Menschen verursachte Ausstoß von Kohlendioxyd bei weitem nicht die einzige Ursache für die Zerstörung unserer Umwelt. Die Verseuchung der Meere, Seen und Flüsse, die Verunreinigung des

Grundwassers, die Abholzung von Regenwäldern und die unkontrollierte Produktion von nicht recycel-barem Industrie- und Hausmüll werden wahrscheinlich eine weit größere Rolle spielen.

Kann der Mensch die Menschheit vor sich selbst retten?

Für das weitere Schicksal der Menschheit bestehen nach den heute gesicherten Erkenntnissen der Gesetzmäßigkeiten der Natur u.a. die folgenden Rahmenbedingungen:

1. Neben dem für die Menschen noch nicht vollständig erkennbaren Naturgesetz, welches die Ursache und die Weiterentwicklung des Universums bestimmt, gibt es kein „höheres Wesen", das in das freie Spiel der Kräfte der Menschen und in ihre fast unbegrenzte Phantasie eingreifen könnte.

2. Die Gesetzmäßigkeiten der Evolution lassen zumindest derzeit nicht erkennen, dass sich neben dem evolutionären Erfolgsmodell „Mensch" ein natürlicher Feind des Menschen entwickeln kann, der die unbegrenzte Ausbreitung der Spezies Mensch verhindern könnte. Über zufallsbedingte Bedrohungen des Menschen durch neue Krankheitserreger (wie COVID-19), Genmutationen, Klimaänderungen oder kosmische Katastrophen kann nur spekuliert werden.

3. Die Chance, dass die Menschheit die von ihr eines Tages unbewohnbar gemachte Erde verlassen

kann, um auf einem anderen „sauberen" Planeten weiterzuleben, ist praktisch gleich Null. Aber selbst wenn dieser andere Planet mit den dann vorhandenen technischen Möglichkeiten des Menschen erreichbar wäre, würde ein „Umzug" größerer Anzahlen von Menschen voraussichtlich daran scheitern, dass die hierfür erforderlichen finanziellen Mittel und die für die „Aussiedlung" einer ausreichend großen Gruppe von Menschen benötigte Energie entweder nicht vorhanden sind oder von den verbleibenden Menschen nicht aufgebracht werden können, ohne damit ihre dann nur noch in geringem Umfang vorhandenen Überlebenschancen nachhaltig zu verschlechtern.

Daraus ergibt sich die Folgerung, dass die Menschheit ohne weiteres Zögern ihr Schicksal selbst in die Hand nehmen muss. Die Menschheit muss geeignete Regeln zum Überleben der Spezies Mensch so formulieren und durchsetzen, dass ein ethisch vertretbarer Übergang zu einer Weltgesellschaft möglich ist, die auf eine Anzahl von Menschen beschränkt wird, welche mit den Ressourcen der Erde angemessen ernährt werden kann und welche der Umwelt keine weiteren irreparablen Schäden zufügt.

Leider sind einige der zur Verwirklichung einer mit den begrenzten Ressourcen der Erde in Einklang lebenden Weltgesellschaft erforderliche Voraussetzungen in keiner Weise erfüllt:

Es gibt noch keine unabhängige „Weltregierung" oder „Weltkommission", die in der Lage wäre, allgemein verbindliche Richtlinien zum Umweltschutz und zur Entwicklung der Weltbevölkerung zu erlassen und durchzusetzen; die „Vereinten Nationen" sind mit ihrer heutigen Organisationsstruktur und in ihren Befugnissen nicht in der Lage, diese Aufgabe zu erfüllen.

Alle Regierungen der Welt – sowohl die demokratisch legitimierten als auch die diktatorisch geprägten – werden in erster Linie von Wachstumszielen geleitet: Die Anzahl der von ihnen regierten Menschen und die Höhe des von ihnen verwalteten (und damit besteuerbaren) Inlandsprodukts bestimmen ihre Wertigkeit nach innen und nach außen und damit ihr bevorzugtes Handeln. Eine demokratisch legitimierte Regierung muss sich am mehrheitlichen Willen der Wähler orientieren, der oft auf der Basis ideologischer oder religiöser Welterklärungen entstanden ist, die nicht ausreichend an überregionalen oder gar globalen Notwendigkeiten orientiert sind. Die diktatorisch geprägten Regierungen werden von einzelnen Menschen oder Interessengruppen geführt, die ihre Meinungsbildung noch enger auf der Basis ideologischer oder religiöser Welterklärungen aufbauen als die demokratisch gewählten Regierungen. Die daraus resultierenden Divergenzen zwischen den häufig sehr unterschiedlichen Interessen der einzelnen

Staaten kann man in den täglichen Nachrichten verfolgen, die Themen sind bekannt: Amerika First, Brexit, EU-Außengrenzen, Russisches Großmachtstreben, Nahostkonflikt, islamische oder islamistische Gottesstaaten, türkische Großmachtträume, korrupte Regierungen in vielen Entwicklungsländern, Bürgerkriege, Völkerwanderungen der Neuzeit usw..

In den einzelnen Ländern der Erde ist die Mehrheit der Menschen eher an einer Verbesserung ihrer Lebensverhältnisse interessiert als an einer Schonung der Umwelt, und das selbst dann, wenn – wie in einigen Industriestaaten – bereits ein hoher Lebensstandard erreicht ist. Am Beispiel der deutschen Autoindustrie kann diese allgemein zu beobachtende, aber auch durch eindeutige Ergebnisse von Umfragen zu belegende Tatsache verdeutlicht werden: Nach einigen Engpässen in der internationalen Ölversorgung in den 1970er Jahren mit autofreien Wochenenden und angeregt durch eine gleichzeitig beginnenden Sensibilität gegenüber schädlichen Abgasen (Katalysator) begann die Autoindustrie, sogenannte „Drei-Liter-Autos" zu entwickeln; das waren Autos, die mit drei Litern Treibstoff – und entsprechend geringem Kohlendioxid-Ausstoß - eine Strecke von 100 km zurücklegen konnten. Diese Bemühungen waren erfolgreich, nach einigen Jahren Entwicklungsarbeit hat z.B. die VW-Gruppe 1999 zwei Modelle zur

Serienreife gebracht (VW Lupo 3L TDI und Audi A2 1,2 3L TDI), die bei entsprechendem Willen zu Einsparungen durchaus einsetzbar gewesen wären. Allerdings wurden diese Autos vom Markt – also von den Verbrauchern - einfach nicht angenommen, sodass die Autoindustrie (wahrscheinlich nicht ungern) die kostenträchtige Entwicklung von umweltfreundlichen aber nicht begehrten Fahrzeugen „aus betriebswirtschaftlichen Gründen" einstellte und sich – angetrieben durch die Verbraucher und ihr eigenes Gewinnstreben - der Entwicklung immer größerer Motoren und Karosserien widmete, die den Käufern einen zunehmenden Prestigewert und den Autoherstellern einen ständig steigenden Umsatz versprachen. In Deutschland war der Durchschnittsneuwagen im Jahr 1995 noch 95 PS (70 kW) stark, während er im Jahr 2017 bereits mit 152 PS (112 kW) ausgerüstet war, was einer jährlichen Steigerung um ca. 2,2 % entspricht. Diese Steigerung ist nicht zuletzt auf den Boom großer SUV-Fahrzeuge zurückzuführen. Diese eher behäbigen „Kleinlastwagen" sind vergleichsweise schwer und benötigen damit mehr Leistung (und Treibstoff!), um auf ähnliche Fahrleistungen zu kommen wie Limousinen oder Kombis mit vergleichbarem Nutzwert. Ganz nebenbei sind auch die für einen größeren SUV verbrauchten Materialressourcen und damit die Belastung der Umwelt aus der Herstellung dieser Fahrzeuge spürbar höher. Insbesondere im Großstadtverkehr kann aber nur schwer nachvollzogen werden, wozu das höhere Gewicht, die größere Standfläche und der zumeist geländegängige Antrieb eines großen SUV von Nutzen sein soll. Aber auch außerhalb von Großstädten sind die spezifischen SUV-Eigenschaften nur selten im Einsatz und könnten, bei entsprechender Flexibilität kostengünstiger durch Leihfahrzeuge im Bedarfsfall bereit gestellt werden. Es bleibt die Vermutung, dass in vielen Fällen der mit einem großen SUV zu erzielende „Auftritt" (bzw. die mit einem großen SUV inszenierbare Machtdemonstration) seinen Besitzern so wichtig ist, dass sie selbst die künftig verstärkt zu erwartenden Anfeindungen durch umweltbewusstere Mitmenschen in Kauf nehmen. Bei diesem Thema wird man natürlich auch an das Problemfeld „Dieselkraftstoff" erinnert, der offenbar noch problematischer für die Umwelt ist als das Benzin; trotzdem wird er – zumindest in Deutschland – niedriger besteuert. Den Käufern wird vorgerechnet, dass der höhere Anschaffungspreis eines Dieselmotors bei bestimmten durchschnittlichen km-Leistungen nach einer bestimmten Laufzeit durch die Steuerersparnis finanziert wird. Der Dieselmotor muss zwar eine etwas höhere Verdichtung aushalten, kommt aber im Bereich der Zündung bzw. Verbrennung mit deutlich geringerem technischem Aufwand aus, sodass es fraglich ist, womit der höhere Kaufpreis des Dieselmotors gerechtfertigt werden könnte. Es ist sehr wahrscheinlich, dass das durch die betrügerische Zuhilfenahme manipulierter Software gezeigte verstärkte Interesse der Autoindustrie am Absatz von Dieselfahrzeugen darin begründet ist, dass sie die Steuervergünstigung auf den Dieselkraftstoff zur Erhöhung ihrer Gewinnspanne für einen Dieselmotor nutzen konnte. Wenn sich dazu noch der Staat an sprudelnden Steuereinnahmen aus der Herstellung von überteuerten Kraftfahrzeugen erfreuen kann, liegt eine klassische Win-Win-Situation vor, in der allerdings die Umwelt nicht vertreten ist.

Die Bevölkerung der Dritten Welt lässt sich durch falsche Welterklärungen und überholte Familienstrukturen in ihrem von der Evolution gewollten, aber für den Fortbestand der Menschheit gefährlichen Drang nach Vermehrung ermuntern. Dabei geht es u.a. um die bereits erwähnten Fakten: Männer genießen bei höherer Anzahl von Kindern ein höheres Ansehen; Familien können durch Kinderarbeit ein höheres Einkommen erzielen; Eltern erhoffen sich von mehreren Kindern eine bessere Altersversorgung; Frauen haben keine oder geringe Bildungschancen; falsche Welterklärungen erschweren eine geeignete Familienplanung. Der sich daraus ergebende Bevölkerungszuwachs wird – wenn er nicht verhindert werden kann – zu neuzeitlichen Völkerwanderungen führen, welche die jeweils an die kritischen Gebiete angrenzenden Länder bzw. Regionen treffen wird. Die offenbar bevorstehende Völkerwanderung von Afrika nach Europa hat Asfa-Wossen Asserate in seinem Buch

„Die neue Völkerwanderung – Wer Europa bewahren will, muss Afrika retten" eindrucksvoll beschrieben (Ullstein-Verlag, ISBN 978-3-548-37761-2).

Obwohl Vertreter einer proaktiven Bevölkerungspolitik seit langem darauf hinweisen, dass die Ressourcen und damit die Tragfähigkeit der Erde für Menschen begrenzt sind, haben die Staatschefs und weite Teile der Presse offenbar eine unausgesprochene Vereinbarung, dieses Thema nur sehr zurückhaltend zu diskutieren, da dies zu schwer beherrschbaren Auseinandersetzungen führen könnte. Man fürchtet offensichtlich, dass ärmere und bevölkerungsreiche Staaten und religiöse Gruppierungen wie die römisch-katholische Kirche (deren Einfluss auf die philippinische Gesetzgebung zum Thema Verhütung als Beispiel dienen kann) verärgert werden könnten, die dann ihrerseits nachhaltig darauf hinweisen würden, dass der viel höhere Ressourcenverbrauch der Reichen der Welt eine größere Bedrohung für die Umwelt ist als die hohen Geburtenraten bei den Armen.

Tatsächlich offenbart der Blick auf die Weltgesellschaft ein beängstigendes Bild: Einer kleinen Minderheit von extrem wohlhabenden Menschen, die durch ihren nach oben offenen Konsum in erheblichem Umfang zum Verbrauch der Ressourcen der Erde beitragen, steht eine große Zahl von Menschen gegenüber, die bei vergleichsweise geringem Konsum die Ressourcen der Erde in weit geringerem Maße belasten, die aber durch das ständige Anwachsen ihrer Anzahl zu einer ernsthaften Bedrohung für die Ernährbarkeit der gesamten Menschheit werden kann.

Ein zielführendes Aktionsprogramm zur Lösung der Probleme aus der Überbevölkerung und dem Überkonsum bzw. zur Verlängerung der Lebenserwartung der Menschheit müsste deshalb folgendermaßen aussehen:

1. Schaffung einer weltweit agierenden, unabhängigen Institution, die mit ausreichenden Kompetenzen zur Formulierung, Durchsetzung und Überwachung der für die Entstehung einer im Einklang mit den Ressourcen der Erde lebenden Weltgesellschaft notwendigen Maßnahmen ausgestattet ist.

2. Reduzierung des Einflusses von irrationalen Welterklärungen wie Religionen, Aberglauben und veralteten gesellschaftlichen Normen auf das Bevölkerungswachstum.

3. Aufbau eines aus der „Sozialen Marktwirtschaft" weiterentwickelten Systems zu einer „Sozialen Markt- und Umweltwirtschaft" mit Obergrenzen für

den Verbrauch von Ressourcen bzw. mit Auflagen an die Wirtschaft und den Verbraucher, die sie zum Ausgleich des Ressourcenverbrauchs verpflichten.

4. Information der in den betroffenen Ländern lebenden Menschen über die Folgen zu hoher Kinderzahlen für die Zukunft ihrer Kinder und nachhaltige Unterstützung einer geeigneten Familienplanung durch Aufklärung und durch ethisch vertretbare Anreiz-Systeme oder auch Sanktionen.

5. Schaffung von Altersversorgungssystemen, die es auch den Menschen in Entwicklungsländern ermöglichen, unabhängig von der Anzahl ihrer Kinder eine geeignete Absicherung für ihr Alter zu erhalten oder aufbauen zu können.

6. Verbesserung der Ausbildungs- und Bildungsmöglichkeiten für alle Mädchen und Frauen und Stärkung ihrer Selbstbestimmungsrechte.

7. Nutzung aller technisch und organisatorisch möglichen Innovationen zur Reduzierung bzw. Kompensation des Ressourcenverbrauchs und der durch den Menschen verursachten Umweltbelastung.

Die bereits existierende Weltorganisation der „Vereinten Nationen" (UN) ist in der derzeit bestehenden Form nicht geeignet, mit der Steuerung der erforderlichen Maßnahmen beauftragt zu werden. Das mächtigste Organ der UN ist der „Sicherheitsrat", der sich aus 15 Mitgliedern zusammensetzt, von denen die 5 „ständigen" Mitglieder (China, Frankreich, Russland, USA, Vereinigtes Königreich) ein Vetorecht besitzen, von dem einige Mitglieder zur Wahrung ihrer eigenen Interessen bereits regen Gebrauch gemacht haben. Der im Rahmen der UN bestehende „Intergovernmental Panel on Climate (IPCC)" – im Deutschen oft als „Weltklimarat" bezeichnet – kann die globale Steuerungsaufgabe ebenfalls nicht übernehmen, solange er nicht einmal befugt ist, Handlungsempfehlungen auszusprechen. Die globale Aufgabe könnte damit von der UN nur nach tiefgreifenden Umstrukturierungen oder eben durch eine neu zu schaffende Institution bewältigt werden. Das dringende Erfordernis der Bildung einer weltweiten Regelungskompetenz zeigt sich derzeit eindrucksvoll am Beispiel der Zerstörung des Regenwaldes am Amazonas. Dort stellt sich die Frage: Kann eine nationale Regierung dazu veranlasst werden, einen für das Weltklima mitverantwortlichen Teil der Natur zu schützen oder muss die Weltgemeinschaft zusehen, wie er sorglos zerstört wird? Der Hinweis auf die bereits in anderen Teilen der Welt und zu anderen Zeiten zerstörten Wälder (wie z.B. die altrömische Abholzung des Apennin) bringt die Menschheit jedenfalls nicht weiter, da die längerfristigen Auswirkungen solcher Aktionen früher im Gegensatz zu heute nicht bekannt waren und damit nicht als existenzbedrohlich empfunden werden konnten. Allerdings hat bereits im Jahr 1800 Alexander von Humboldt vor der zerstörenden Abholzung des Regenwaldes und den Folgen für Bodenbeschaffenheit, Wasserspiegel und Klima gewarnt.

Die Tatsache, dass die irrationalen Welterklärungen wie Religionen, Aberglauben und sonstige veraltete gesellschaftlichen Normen einen nachhaltigen Einfluss auf das Bevölkerungswachstum haben, lässt sich konkret an den neun Ländern erkennen, in denen die Hälfte des Wachstums der Weltbevölkerung bis zum Jahr 2050 zu erwarten ist: Indien, Nigeria, Demokratische Republik Kongo, Pakistan, Äthiopien, Tansania, USA, Uganda und Indonesien (in der Reihenfolge ihres Anteils am gesamten Bevölkerungswachstum). Von den zehn einwohnerstärksten Ländern weltweit wächst die Bevölkerung Nigerias am schnellsten. Derzeit mit der Bevölkerungszahl noch auf Platz sieben, wird das Land kurz vor 2050 auf Platz drei vorgerückt sein. Es dürfte nicht wirklich überraschend sein, dass die Bevölkerungen der genannten neun Länder zu fast hundert Prozent von den drei größten Weltreligionen, dem Christentum, dem Islam und dem Hinduismus beherrscht werden (nur in den USA gibt es eine mit ca. 18 % der Bevölkerung nennenswerte Gruppe von nicht religiös orientierten Menschen). Insbesondere das im Anhang zahlenmäßig dargestellte, extrem hohe Bevölkerungswachstum in Afrika wird bzw. wurde nach einer Erhebung der „Encyclopedia Britannia" für das Jahr 2010 zu 47,3 % vom Christentum, zu 40,8 % vom Islam und zu 10,6 % von Ethnischen Religionen begleitet. Es liegt natürlich nahe, dass die religiösen und irrationalen Welterklärungsmodelle zu der Annahme neigen, dass es göttliche oder kosmische Kräfte gibt, die steuernd in die Lösung des größten Menschheitsproblems eingreifen könnten. Brauchbare Vorschläge für geeignete globale Maßnahmen sind deshalb von solchen Welterklärern nicht zu erwarten und liegen auch nicht vor. Und da – wie früher ausführlich gezeigt – die angebotenen irrationalen Welterklärungen auf phantasieorientierten Annahmen beruhen, wären diese Vorschläge für die Lösung des Mega-Problems der Menschheit mit Sicherheit völlig ungeeignet. Nicht zuletzt die Tatsache, dass in den stärker säkularisierten Industrieländern eine deutliche Verminderung des Einflusses irrationaler Welterklärungen auf die Bevölkerungsentwicklung stattgefunden hat, zeigt, dass nur dieser Weg zielführend ist. Mit dem fast grenzenlosen Widerstand der religiösen Machtapparate muss gerechnet werden. Es ist nicht davon auszugehen, dass sich z.B. die mächtigen abrahamitischen Institutionen dazu durchringen können, den Bibelspruch „Seid fruchtbar und mehret euch" als das zu sehen, was er aus heutiger Sicht ist, nämlich die klare Aufforderung zur Selbstzerstörung der Menschheit.

Die Entwicklung der sozialen Marktwirtschaft wurde allgemein als geeigneter Lösungsansatz für den „Arm-Reich-Konflikt" angesehen. Durch die für den Menschen existentielle Umweltproblematik ergibt sich die Notwendigkeit, die Bekämpfung der Armut und des Kinderreichtums durch eine Begrenzung des Verbrauchs an Ressourcen zu ergänzen, der insbesondere von den „Nicht-Armen" verübt wird; dabei kann beim Verbraucher an viele Bereiche des Lebens gedacht werden: Hoher Verzehr von Fleisch und Tierprodukten, Fahren mit verbrauchsstarken großen SUV's statt mit sparsamen Leichtbauautos, Spazierfahrten mit dem Auto oder mit Motoryachten, vermeidbare Flugreisen usw. (weiteres kann z.B. unter dem Stichwort „Kohlendioxyd-Fußabdruck" gelesen werden). In einer kontrollierten Wirtschaftlichkeitsbetrachtung aller Industrieprodukte müssen der Ressourcenverbrauch und die Auswirkungen auf die Umwelt geeignet berücksichtigt werden. Es ist nicht länger vertretbar, dass der Preis von Produkten durch die Inkaufnahme von Umweltschäden „subventioniert" wird.

Die in den von Kinderreichtum betroffenen Gesellschaften lebenden Menschen müssen nachhaltig über die Zukunftsaussichten ihrer Kinder und über wirksame Verhütungsmethoden und deren sachgemäße Anwendung aufgeklärt werden; sie müssen aktiv bei einer umweltgerechten Familienplanung unterstützt werden. Das Recht auf beliebig viele Kinder muss relativiert werden. Die Bereitschaft zur freiwilligen Beschränkung der Kinderzahl muss geeignet honoriert oder durch ethisch vertretbare Sanktionen gefördert werden.

Zur Unterstützung der Bereitschaft zum Verzicht auf große Kinderzahlen muss für die betroffenen Eltern eine zusätzliche Altersversorgung ermöglicht werden, die z.B. aus Zöllen auf Billigprodukte für die Industrieländer oder aus (zusätzlichen) Mitteln der Entwicklungshilfe finanziert werden. Zur Begrenzung der erforderlichen Aufwendungen wird es allerdings unumgänglich sein, die Vorsorgemaßnahmen auf diejenigen Menschen zu beschränken, deren Kindersegen noch bevorsteht.

Zur Verbesserung der Ausbildungs- und Bildungsmöglichkeiten müssen in der Dritten Welt Schulen, Ausbildungsstätten und Universitäten eingerichtet und Lehrer ausgebildet werden. Der Zugang zu diesen Einrichtungen muss für die Mädchen und Frauen nachhaltig erleichtert werden. Jeder junge Mensch muss die Möglichkeit zur kritischen Überprüfung ungeeigneter Welterklärungen und Verhaltensweisen erhalten. Diese Aufgaben müssen ausschließlich über weltliche Anstrengungen erfüllt werden, die Übernahme durch religiös geprägte Institutionen ist kontraproduktiv, da dann wieder die ungeeigneten Welterklärungen implementiert werden und dominieren.

Innovationen, die der Reduzierung bzw. der Kompensation der durch den Menschen verursachten Umweltbelastungen dienen, müssen nachhaltig gefördert werden. Das Ausschlachten überholter umweltschädlicher Technologien zur Maximierung der Unternehmensgewinne, wie wir es bei den Verbrennungsmotoren der Autoindustrie erlebt haben, muss unterbunden bzw. durch geeignete Anreize vermieden werden. Es müssen Regelungsmodelle entwickelt werden, die es verhindern, dass sich die Wirtschaft und der Verbraucher unkontrolliert und weitgehend kostenfrei am immer knapper werdenden Allgemeingut Umwelt bedienen können. Alle unmittelbaren und mittelbaren Verursacher von Umweltbelastungen müssen verpflichtet bzw. nachhaltig durch geeignete Anreiz-Systeme motiviert werden, aktiv an der Vermeidung bzw. Neutralisierung dieser Belastungen mitzuwirken. Dabei könnte der interessante Denkanstoß aus „die Jugend schwänzt die Schule für die Umwelt" durch eine konstruktive Initiative „die Jugend forscht für die Erhaltung der Umwelt" abgelöst werden.

Schlusswort

Der Mensch lebt erst seit etwa 300.000 Jahren; dies entspricht - gemessen an dem mit ca. 13,8 Mrd. Jahren ermittelten Alter des Universums - einem Anteil von etwas mehr als 0,002 %. Trotzdem steht der Mensch bereits nach dieser vergleichsweise kurzen Zeit vor der größten Bedrohung für seine Existenz.

Auch wenn es der Menschheit gelingt, ihr eigenes Wachstum in den Griff zu bekommen, wird es ihr nur dann gelingen, den Verbrauch an natürlichen Ressourcen nachhaltig zu begrenzen, wenn insbesondere die wohlhabenden Völker der Erde auf ein ständiges Wachstum ihres Konsums und damit ihrer Volkswirtschaften verzichten. Die hypertrophe Ausbeutung der Erde wird deshalb voraussichtlich weiterhin fast ungebremst ablaufen. Ohne nachhaltige Einschränkung des Bevölkerungswachstums und des Pro-Kopf-Konsums ist es damit sehr wahrscheinlich, dass der Mensch bereits in wenigen hundert Jahren von der Erde verschwunden sein wird. Über das Szenario, das sich vor dem Aussterben der Menschheit ergeben wird, kann spekuliert werden. Die Endzeit der Menschheit wird wahrscheinlich nicht mit machtvollen und erhabenen Bildern einhergehen, sondern mit einem heute für uns unvorstellbaren Verteilungskampf verbunden sein, dessen Grausamkeit und Leid alles bisher dagewesene übersteigen wird. Noch hat der Mensch es in der Hand, den Beginn dieser Endzeit hinauszuschieben. Da für das Universum offenbar keine steuernde oder eingreifende äußere Instanz zur Verfügung steht und die erkennbaren Gesetzmäßigkeiten der Evolution zumindest bisher nicht auf funktionierende Selbstheilungskräfte schließen lassen, muss heute davon ausgegangen werden, dass sich das überragende „Erfolgsmodell" der Evolution, der Mensch, selbst vernichten wird, wenn es ihm nicht gelingt, den verantwortlichen Umgang aller Menschen mit den begrenzten Ressourcen der Erde in den Griff zu bekommen.

Der Mensch konnte die Erde jahrtausendelang in erster Linie als preiswerten Selbstbedienungsladen nutzen. Seit einigen Jahrzehnten wird deutlich, dass dieser Raubbau die Zukunft der Menschheit nachhaltig gefährden wird. Die Menschheit steht vor der größten Zeitenwende ihrer Geschichte; sie muss ihre Zukunft selbst in die Hand nehmen. Die Schuldzuweisungen der jüngeren Generationen an die älteren treffen leider zu, sie bringen uns der Lösung aber nicht wirklich näher. Es hilft nur beherztes, rationales und globales Handeln. Mit einer weltweit konzertierten Aktion im Sinne der dargestellten sieben Punkte könnte es gelingen, die bisher größte Herausforderung der Menschheit zu verhindern oder zumindest zu vertagen. Der Erfolg hängt vom Willen und der Fähigkeit der Menschheit ab, den mächtigen Einfluss falscher Welterklärer auf die Entwicklung der Bevölkerung in der „Dritten Welt" - insbesondere in Afrika - deutlich zu verringern, das weitere Anwachsen des Konsums vieler Menschen nachhaltig zu beschränken und den ständig wachsenden Verbrauch der vorhandenen Ressourcen durch Selbstbeschränkung und/oder durch intelligente Innovationen konsequent zu vermindern.

Mit der Leugnung des Umweltproblems oder mit Statements wie „America First" wird die Menschheit die sich abzeichnende Bedrohung ihrer Existenz jedenfalls nicht abwenden können.

Anhang: Daten, Fakten, Anmerkungen

Entwicklung der Weltbevölkerungszahl
(in Millionen)

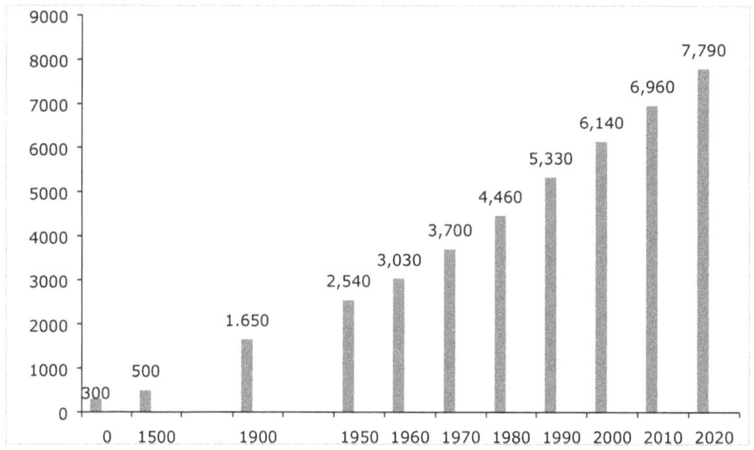

Quelle: Diese Zahlen zur Weltbevölkerung wurden im Juni 2019 von der UN DESA (Population Division) veröffentlicht.

Anmerkung:

In den ersten 1900 Jahren nach der Zeitenwende ist die Zahl der Menschen auf das 5,5-fache gestiegen; in den letzten 120 Jahren stieg sie bereits auf das 4,7-fache.

Bevölkerungszahlen 2020 in den Weltregionen (in Millionen)

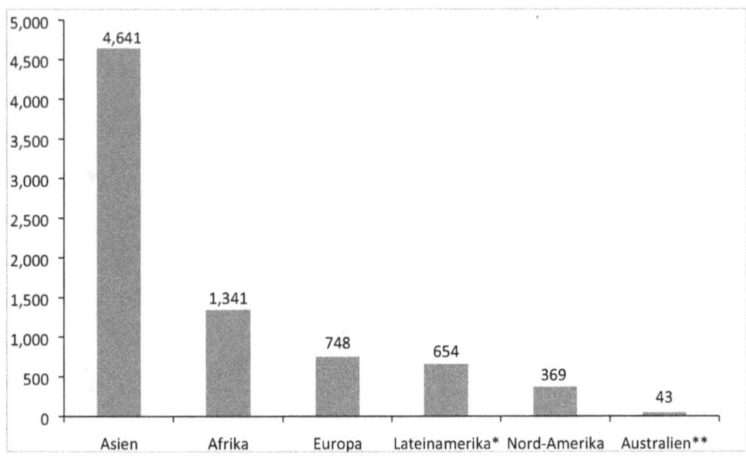

*   und Karibik
** und Ozeanien

Quelle: Diese Zahlen zur Weltbevölkerung wurden im Juni 2019 von der UN DESA (Population Division) veröffentlicht.

Anmerkung:

Die Bevölkerungszahl in Asien ist damit fast 1,5-mal so groß wie die Summe der Bevölkerungszahlen in den übrigen Regionen, während die Landfläche von Asien weniger als 1,2-mal so groß ist, wie die Summe der Landflächen der übrigen Regionen.

Landflächen in den Weltregionen
(in Millionen Quadratkilometer)

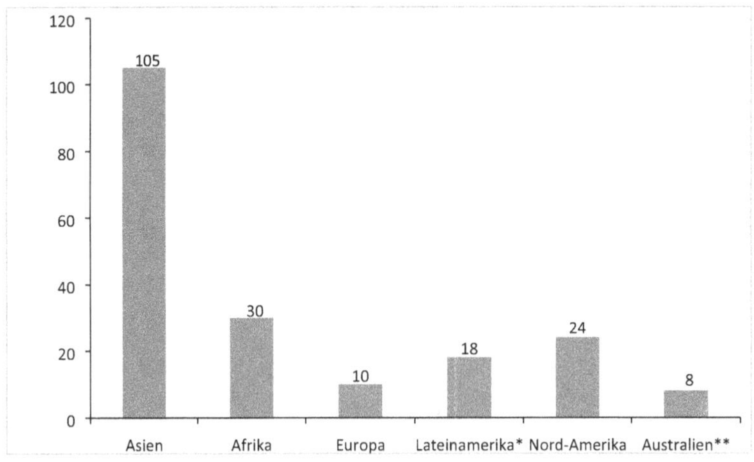

*   und Karibik
** und Ozeanien

Quelle: Diese Zahlen wurden von Bruno Urmersbach am 22.01.2020 bei Westermann (Diercke) veröffentlicht.

Anmerkung:

Das größte Land der Erde ist Russland mit einer Fläche von mehr als 17 Millionen Quadratkilometern; davon liegen ca. 4 Millionen Quadratkilometer in Europa und ca. 13 Millionen Quadratkilometer in Asien.

Bevölkerungsdichte 2020 in den Weltregionen (Menschen pro Quadratkilometer)

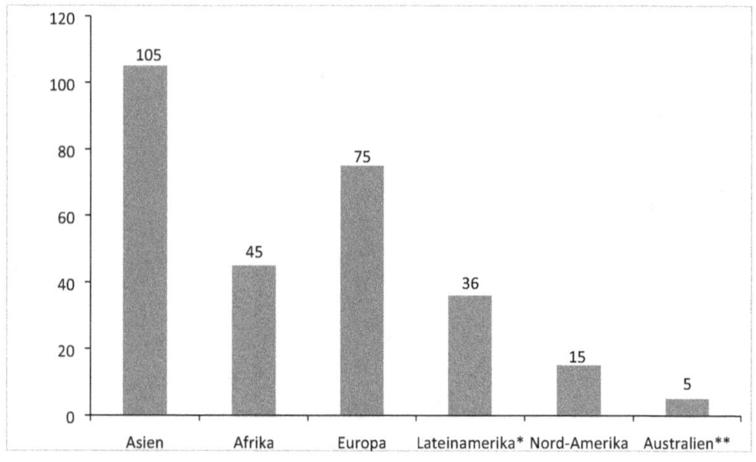

*   und Karibik
** und Ozeanien

Anmerkung:

Bei einer Bevölkerungszahl von 146,6 Millionen (2020) beträgt die Bevölkerungsdichte in Russland 9; im europäischen Teil beträgt sie ca. 28 und im asiatischen Teil ca. 3.

Fertilitätsraten 2020 in den Weltregionen

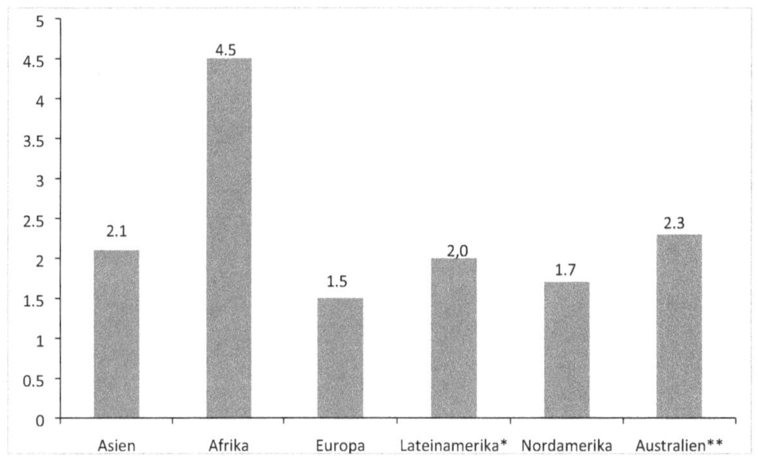

*　und Karibik
** und Ozeanien

Quelle: Diese Fertilitätsraten wurden 2020 von der DSW (Deutsche Stiftung Weltbevölkerung) veröffentlicht.

Anmerkungen:

Die „Fertilitätsrate" ist die durchschnittliche Anzahl der (Lebend-) Geburten pro Frau. Eine Fertilitätsrate von 2,1 wird für die zugrunde liegende Bevölkerungsgruppe als „Selbsterhaltungsgrenze" bezeichnet, d.h. die Bevölkerungszahl der Gruppe bleibt bei einer durchschnittlichen Sterberate und ohne Wanderungs- bewegungen etwa gleich hoch.

Lebenserwartung 2019 in den Weltregionen (in Jahren im Zeitpunkt der Geburt)

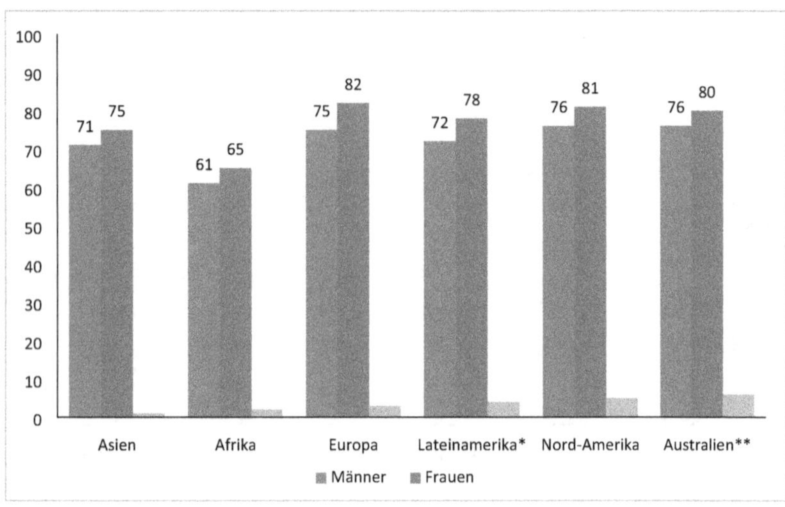

*   und Karibik
** und Ozeanien

Quelle: Diese Zahlen zur Lebenserwartung wurden am 1.02.2020 von J. Rudnicka / DSW (Deutsche Stiftung Weltbevölkerung) veröffentlicht.

Anmerkungen:

In den verschiedenen Regionen der Erde liegt die Lebenserwartung der Männer bei Geburt im Jahre 2019 zwischen 61 (Afrika) und 76 (Nord-Amerika und Australien); die der Frauen liegt zwischen 65 (Afrika) und 82 (Europa). Die Differenz der Lebenserwartung von Männern und Frauen liegt zwischen 4 Jahren (Asien, Afrika und Australien) und 7 Jahren (Europa).

Anteil junger Menschen in Afrika

Bevölkerungsanteil von Kindern und Jugendlichen (bis 17-Jährige) in %

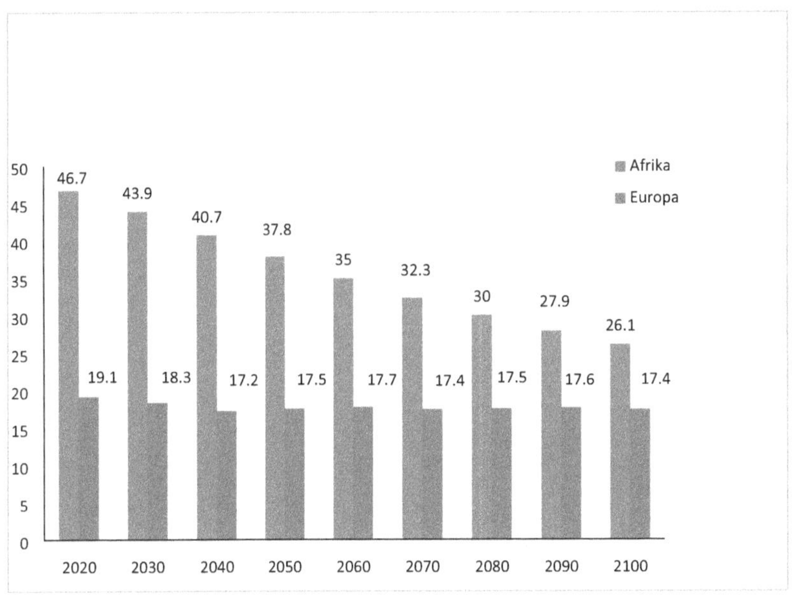

Quelle: Diese Zahlen wurden am 17.10.2019 von Bruno Urmersbach / DSW (Deutsche Stiftung Weltbevölkerung) veröffentlicht.

Anmerkung:

Durch die hohe Fertilitätsrate in Afrika wird auch die Bevölkerungszahl von Kindern und Jugendlichen (0- bis 17-Jährige) stark beeinflusst. Je höher dieser Bevölkerungsteil ist, desto mehr Mittel müssen für die Aus- und Weiterbildung und für geeignete Arbeitsplätze bereitgestellt werden.

Entwicklung der Weltbevölkerung bis 2100 (in Millionen)

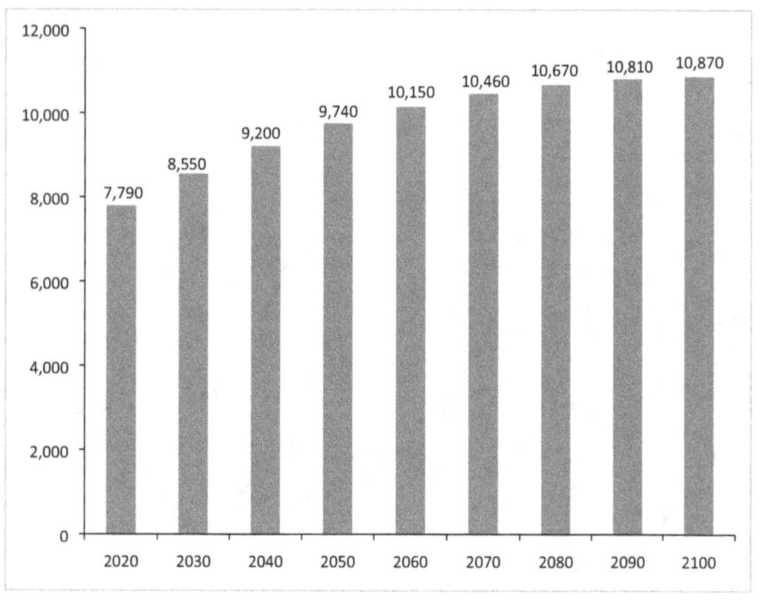

Quelle: Diese Zahlen zur Weltbevölkerung wurden im Juni 2019 von der UN DESA (Population Division) veröffentlicht.

Anmerkungen:

In dieser „mittleren" Projektion wird sich das weitere Anwachsen der Bevölkerungszahl auf der Erde also allmählich verlangsamen. Trotzdem wird sich die Anzahl der Menschen auf der Erde bis zum Jahr 2100 noch um ca. 3.080 Millionen, also um fast 40 % erhöhen.

Bevölkerungszahlen 2100 in den Weltregionen (in Millionen)

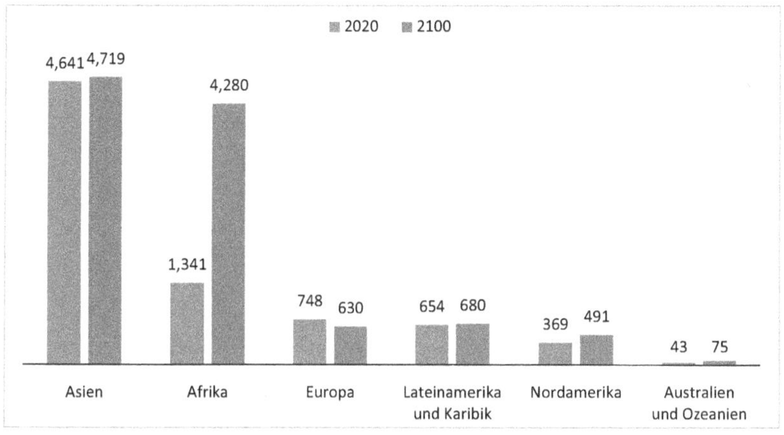

Quelle: Diese Zahlen zur Weltbevölkerung wurden im Juni 2019 von der UN DESA (Population Division) veröffentlicht.

Anmerkung:

Der Hauptzuwachs der Bevölkerung der Erde wird also in Afrika stattfinden; von dem oben genannten Zuwachs um ca. 3.080 Millionen Menschen entfallen allein auf Afrika ca. 2.939 Millionen, also ca. 95 %.

Bevölkerungsdichte 2100 in den Weltregionen (Menschen pro Quadratkilometer)

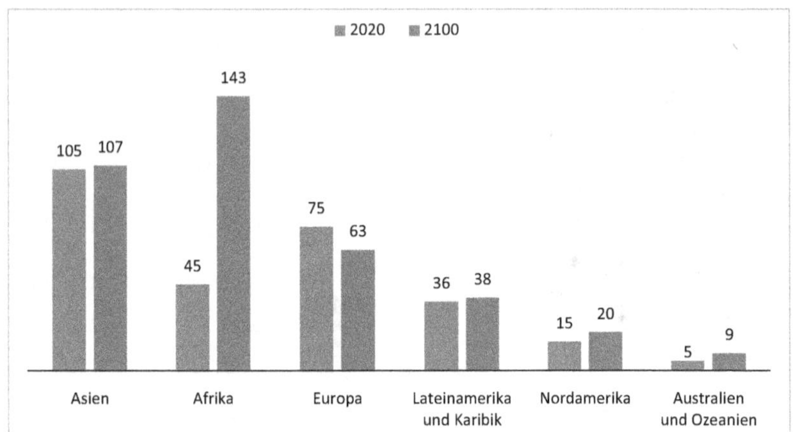

Anmerkung:

Es ist auch hier zu sehen, dass sich in erster Linie in Afrika eine dramatische Verdichtung der Bevölkerung ergeben wird, während in den übrigen Regionen relativ geringe Steigerungen bzw. sogar Reduzierungen zu erwarten sind.

www.ingramcontent.com/pod-product-compliance
Lightning Source LLC
Chambersburg PA
CBHW071017260726
48662CB00022B/169